EINMACHEN

DIE BESTEN REZEPTE

02

01

03

04

INHALT

KONFITÜREN, MARMELADEN & GELEES

ERDBEERKONFITÜRE
MIT ORANGENSCHALE

ZUBEREITUNG

01. Die Einmachgläser und Deckel heiß ausspülen und kopfüber auf einem sauberen Küchentuch abtropfen lassen oder, wie auf der Außenklappe vorne beschrieben, sterilisieren.

02. Die Erdbeeren waschen, putzen und in Stücke schneiden. Die Orange heiß waschen, trocken reiben und die Schale abreiben. Die Orange halbieren und den Saft auspressen. Die Zitrone ebenfalls halbieren und den Saft auspressen. Die Erdbeeren in einen großen Topf geben, Orangensaft und -schale sowie Zitronensaft hinzufügen. Mit dem Stabmixer nach Belieben leicht stückig oder fein pürieren. Den Gelierzucker untermischen.

03. Die Erdbeer-Zucker-Mischung unter Rühren aufkochen und anschließend offen etwa 4 Minuten sprudelnd kochen lassen. Die Gelierprobe machen: etwas Fruchtmasse abnehmen und auf einen kalten Teller tropfen. Wenn die Masse noch nicht fest wird, nochmals kurz weiterkochen.

04. Die Erdbeerkonfitüre in die vorbereiteten Gläser füllen, gut verschließen und 10 Minuten auf den Kopf stellen. Wieder umdrehen und vollständig auskühlen lassen.

TIPP — *Sie können die Orangenschale auch weglassen und den Orangensaft durch den Saft einer zweiten Zitrone ersetzen. Verfeinern Sie die Konfitüre dann doch einmal mit 3 cl Orangenlikör.*

ZUTATEN FÜR 4 GLÄSER (À CA. 350 ML)

+ **1 kg Erdbeeren**
+ **1 Bio-Orange**
+ **1 Zitrone**
+ **500 g Gelierzucker (2 : 1)**

ERDBEER-MARACUJA-KONFITÜRE
MIT VANILLE

ZUTATEN FÜR 5 GLÄSER (À CA. 250 ML)

+ 1 Zitrone
+ 1 Vanilleschote
+ 750 g Erdbeeren
+ 500 g Gelierzucker (2 : 1)
+ 5 Passionsfrüchte (z.B. Maracujas)

ZUBEREITUNG

01. Die Zitrone halbieren und den Saft auspressen. Die Vanilleschote längs aufschneiden. Die Erdbeeren waschen und putzen. Die Früchte mit dem Zitronensaft, der aufgeschlitzten Vanilleschote und dem Gelierzucker in einem großen Topf mischen. Mit dem Kartoffelstampfer leicht andrücken. Etwa 30 Minuten ziehen lassen.

02. Inzwischen die Einmachgläser und Deckel heiß ausspülen und kopfüber auf einem sauberen Küchentuch abtropfen lassen oder, wie auf der Außenklappe vorne beschrieben, sterilisieren.

03. Die Passionsfrüchte halbieren und das Fruchtmark mit einem Löffel herauslösen. Das Fruchtmark zu den Erdbeeren geben und alles unter Rühren zum Kochen bringen. Etwa 4 Minuten sprudelnd kochen lassen, dabei ständig weiterrühren. Die Gelierprobe machen (siehe Außenklappe hinten). Wenn die Masse noch nicht fest wird, nochmals kurz weiterkochen.

04. Den Topf vom Herd nehmen und die Vanilleschote wieder herausnehmen. Die Erdbeer-Maracuja-Konfitüre in die vorbereiteten Gläser füllen, gut verschließen und 10 Minuten auf den Kopf stellen. Wieder umdrehen und vollständig auskühlen lassen.

STACHELBEERKONFITÜRE
MIT RUM

ZUTATEN FÜR 5 GLÄSER (À 250 ML)

+ 1 kg rote Stachelbeeren
+ 500 g Gelierzucker (2 : 1)
+ Saft von ½ Zitrone
+ 6 cl Rum

ZUBEREITUNG

01. Die Stachelbeeren verlesen, waschen und abtropfen lassen. Mit Gelierzucker, Zitronensaft und Rum in einem großen Topf mischen. Mit dem Kartoffelstampfer leicht andrucken. Etwa 20 Minuten ziehen lassen.

02. Inzwischen die Einmachgläser und Deckel heiß ausspülen und kopfüber auf einem sauberen Küchentuch abtropfen lassen oder, wie auf der Außenklappe vorne beschrieben, sterilisieren.

03. Die Stachelbeer-Zucker-Mischung unter stetigem Rühren zum Kochen bringen. Den entstandenen Schaum mit dem Schaumlöffel abschöpfen und die Stachelbeeren 4 bis 5 Minuten kochen lassen. Vom Herd nehmen und die Gelierprobe machen: etwas Fruchtmasse abnehmen und auf einen kalten Teller tropfen. Wenn die Masse noch nicht fest wird, nochmals kurz weiterkochen.

04. Die Stachelbeerkonfitüre in die vorbereiteten Gläser füllen, gut verschließen und 10 Minuten auf den Kopf stellen. Wieder umdrehen und vollständig auskühlen lassen.

BROMBEERKONFITÜRE
MIT JOHANNISBEERLIKÖR

ZUBEREITUNG

01. Die Einmachgläser und Deckel heiß ausspülen und kopfüber auf einem sauberen Küchentuch abtropfen lassen oder, wie auf der Außenklappe vorne beschrieben, sterilisieren.

02. Die Brombeeren verlesen, waschen und abtropfen lassen. Die Zitrone halbieren und den Saft auspressen.

03. Die Beeren mit dem Zitronensaft langsam und unter Rühren zum Kochen bringen. Etwa 5 Minuten kochen lassen, den Gelierzucker einrühren und weitere etwa 5 Minuten sprudelnd kochen. Dabei immer kräftig rühren und, falls nötig, den entstandenen Schaum mit dem Schaumlöffel abschöpfen. Die Gelierprobe machen: etwas Fruchtmasse abnehmen und auf einen kalten Teller tropfen. Wenn die Masse noch nicht fest wird, nochmals kurz weiterkochen. Vom Herd nehmen und mit dem Likör verfeinern.

04. Die Brombeerkonfitüre in die vorbereiteten Gläser füllen, gut verschließen und 10 Minuten auf den Kopf stellen. Wieder umdrehen und vollständig auskühlen lassen.

———

TIPP — *Brombeeren harmonieren auch sehr gut mit Äpfeln. Zu dieser Kombination passt anstelle des Johannisbeerlikörs ein lieblicher Apfelcidre.*

ZUTATEN FÜR 3 GLÄSER (À CA. 400 ML)

+ **1 kg Brombeeren**
+ **1 Zitrone**
+ **350 g Gelierzucker (3 : 1)**
+ **4 cl Crème de Cassis (franz. Johannisbeerlikör)**

HIMBEERKONFITÜRE
MIT HIMBEERGEIST

ZUBEREITUNG

01. Die Einmachgläser und Deckel heiß ausspülen und kopfüber auf einem sauberen Küchentuch abtropfen lassen oder, wie auf der Außenklappe vorne beschrieben, sterilisieren.

02. Die Himbeeren verlesen, waschen und abtropfen lassen. Die Zitrone heiß waschen, trocken reiben und die Schale abreiben. Die Zitrone halbieren und den Saft auspressen. Die Vanilleschote längs aufschneiden und das Mark mit einem spitzen Messer herauskratzen.

03. Die Himbeeren mit Zitronensaft und -schale, Vanillemark und Himbeergeist mischen. Den Gelierzucker gut untermischen, alles in einem Topf zum Kochen bringen und 4 Minuten kochen lassen.

04. Die Himbeerkonfitüre in die vorbereiteten Gläser füllen, gut verschließen und 10 Minuten auf den Kopf stellen. Wieder umdrehen und vollständig auskühlen lassen.

――――――

TIPP — *Himbeerkonfitüre können Sie auch kalt gerührt herstellen. Dafür je 200 g Himbeeren und Gelierzucker (1:1) etwa 15 Minuten verquirlen. Einige Zitronenmelisseblätter waschen, trocken tupfen, fein schneiden und unterrühren. Die kalt gerührte Himbeerkonfitüre im Kühlschrank aufbewahren und innerhalb von 4 Wochen verbrauchen.*

ZUTATEN FÜR 6 GLÄSER (À 250 ML)

+ 1 kg Himbeeren
+ 1 Bio-Zitrone
+ 1 Vanilleschote
+ 8 cl Himbeergeist
+ 500 g Gelierzucker (2:1)

RHABARBER-ERDBEER-KONFITÜRE
MIT VANILLE

ZUTATEN FÜR 4 GLÄSER (À CA. 350 ML)

+ 700 g Erdbeeren
+ 500 g Rhabarber
+ 2 Vanilleschoten
+ Saft von 1 Zitrone
+ ca. 500 g Gelierzucker (2 : 1)

ZUBEREITUNG

01. Die Erdbeeren waschen, putzen und klein schneiden. Vom Rhabarber die Enden entfernen. Die Rhabarberstangen waschen und die Fäden abziehen. Die Rhabarberstangen in Stücke schneiden. Die Vanilleschoten längs aufschneiden und das Mark mit einem spitzen Messer herauskratzen.

02. Erdbeeren und Rhabarber wiegen. Beides in einen großen Topf geben und mischen. Vanillemark und -schoten, Zitronensaft und Gelierzucker (genau die Hälfte der Fruchtmenge) unter die Fruchtmischung in den Topf rühren und alles zugedeckt etwa 2 Stunden ziehen lassen.

03. Inzwischen die Einmachgläser und Deckel heiß ausspülen und kopfüber auf einem sauberen Küchentuch abtropfen lassen oder sterilisieren (siehe Außenklappe vorne).

04. Die Rhabarber-Erdbeer-Mischung unter Rühren offen 4 bis 5 Minuten sprudelnd kochen lassen. Die Gelierprobe machen (siehe Außenklappe hinten). Wenn die Masse noch nicht fest wird, nochmals kurz weiterkochen.

05. Die Rhabarber-Erdbeer-Konfitüre in die vorbereiteten Gläser füllen, gut verschließen und 10 Minuten auf den Kopf stellen. Wieder umdrehen und vollständig auskühlen lassen.

HEIDELBEERKONFITÜRE
MIT ORANGENLIKÖR

ZUTATEN FÜR 4 GLÄSER (À CA. 350 ML)

+ 1 kg Heidelbeeren
+ 1 Zitrone
+ 500 g Gelierzucker (2 : 1)
+ 4 cl Orangenlikör (z.B. Grand Marnier)

ZUBEREITUNG

01. Die Heidelbeeren verlesen, waschen und abtropfen lassen. Die Zitrone halbieren und den Saft auspressen. Mit dem Gelierzucker und den Heidelbeeren in einem großen Topf gut mischen und etwa 1 Stunde ziehen lassen.

02. Inzwischen die Einmachgläser und Deckel heiß ausspülen und kopfüber auf einem sauberen Küchentuch abtropfen lassen oder, wie auf der Außenklappe vorne beschrieben, sterilisieren.

03. Die Heidelbeer-Zucker-Mischung aufkochen und 4 Minuten sprudelnd kochen lassen. Falls nötig, den entstandenen Schaum abschöpfen. Die Gelierprobe machen: etwas Fruchtmasse abnehmen und auf einen kalten Teller tropfen. Wenn die Masse noch nicht fest wird, nochmals kurz weiterkochen.

04. Den Likör vorsichtig unterrühren. Den Topf vom Herd nehmen und die Heidelbeerkonfitüre in die vorbereiteten Gläser füllen, gut verschließen und 10 Minuten auf den Kopf stellen. Wieder umdrehen und vollständig auskühlen lassen.

KIRSCHKONFITÜRE
MIT SCHOKOLADE

ZUBEREITUNG

01. Die Einmachgläser und Deckel heiß ausspülen und kopfüber auf einem sauberen Küchentuch abtropfen lassen oder, wie auf der Außenklappe vorne beschrieben, sterilisieren.

02. Die Kirschen waschen, entstielen, halbieren und entsteinen. In einen großen Topf geben und mit dem Stabmixer leicht stückig pürieren. Das Zitronengras putzen und andrücken. Die Orange halbieren und den Saft auspressen. Mit dem Zitronengras und dem Gelierzucker zu den Kirschen geben.

03. Die Kirschen-Zucker-Mischung unter Rühren zum Kochen bringen, dann etwa 4 Minuten sprudelnd kochen lassen. Die Gelierprobe machen: etwas Fruchtmasse abnehmen und auf einen kalten Teller tropfen. Wenn die Masse noch nicht fest wird, nochmals kurz weiterkochen.

04. Das Zitronengras entfernen. Die Kuvertüre fein raspeln und mit dem Likör unter die Konfitüre mischen. Die Kirschkonfitüre in die vorbereiteten Gläser füllen, gut verschließen und 10 Minuten auf den Kopf stellen. Wieder umdrehen und vollständig auskühlen lassen.

ZUTATEN FÜR 6 GLÄSER (À CA. 350 ML)

+ 1½ kg Kirschen
+ 1 Stängel Zitronengras
+ 1 Blutorange
+ 700 g Gelierzucker (2 : 1)
+ 50 g Zartbitterkuvertüre
+ 6 cl Crème de Cassis (franz. Johannisbeerlikör)

TIPP — *Anstatt des Crème de Cassis können Sie auch etwas Kirschwasser nehmen. Wenn Kinder mitessen, lassen Sie den Alkohol einfach ganz weg.*

BIRNEN-CRANBERRY-KONFITÜRE
MIT LEBKUCHENGEWÜRZ

ZUBEREITUNG

01. Die Birnen vierteln, schälen und die Kerngehäuse entfernen. 950 g Birnenfruchtfleisch abwiegen, in kleine Stücke schneiden und in eine Schüssel geben. Die Zitronenhälfte auspressen und den Saft unter die Birnenstücke mischen.

02. Die Cranberrys verlesen, waschen und abtropfen lassen oder trocken tupfen.

03. Die Cranberrys mit dem Birnenfruchtfleisch und dem Gelierzucker in einem großen Topf mischen und zugedeckt 1½ Stunden ziehen lassen.

04. Inzwischen die Einmachgläser und Deckel heiß ausspülen und kopfüber auf einem sauberen Küchentuch abtropfen lassen oder, wie auf der Außenklappe vorne beschrieben, sterilisieren.

05. Die Früchte-Zucker-Mischung unter Rühren langsam zum Kochen bringen und 4 bis 5 Minuten kochen lassen. Mit dem Stabmixer pürieren und mit 1 Prise Lebkuchengewürz abschmecken. Die Birnen-Cranberry-Konfitüre in die vorbereiteten Gläser füllen, gut verschließen und 10 Minuten auf den Kopf stellen. Wieder umdrehen und vollständig auskühlen lassen.

———

TIPP — Da diese Konfitüre sehr schnell fest wird, sollte man sie rasch in die vorbereiteten Gläser einfüllen. Am besten verwenden Sie dafür einen Einfülltrichter mit weiter Öffnung.

ZUTATEN FÜR 4–5 GLÄSER (À 200 ML)

+ **ca. 1 kg reife, aber nicht zu weiche Birnen**
+ **½ Zitrone**
+ **200 g frische Cranberrys**
+ **350 g Gelierzucker (3 : 1)**
+ **Lebkuchengewürz**

ZWETSCHGENKONFITÜRE
À LA OMA

ZUBEREITUNG

01. Die Zwetschgen waschen, halbieren und entsteinen. Die Hälfte der Zwetschgen in einem großen Topf mit dem Stabmixer pürieren. Den Rest in dünne Spalten schneiden und hinzufügen.

02. Die Zitrone halbieren und auspressen. Zitronensaft, Gelierzucker und Zimt zu den Zwetschgen geben, alles mischen und zugedeckt etwa 1 Stunde ziehen lassen.

03. Inzwischen die Einmachgläser und Deckel heiß ausspülen und kopfüber auf einem sauberen Küchentuch abtropfen lassen oder, wie auf der Außenklappe vorne beschrieben, sterilisieren.

04. Die Zwetschgen-Zucker-Mischung unter Rühren langsam zum Kochen bringen und offen bei mittlerer Hitze 4 Minuten kochen lassen, dabei immer wieder umrühren.

05. Die Zimtstange entfernen. Die Zwetschgenkonfitüre in die vorbereiteten Gläser füllen, gut verschließen und 10 Minuten auf den Kopf stellen. Wieder umdrehen und vollständig auskühlen lassen.

———

TIPP — *Anstelle der Zitrone können Sie 2 Bio-Limetten verwenden. Diese heiß waschen, trocken reiben und die Schale fein abreiben. Den Saft auspressen und beides unter die Zwetschgen mischen.*

ZUTATEN FÜR 6 GLÄSER (À 250 ML)

+ 1 kg Zwetschgen
+ 1 Zitrone
+ 1 kg Gelierzucker (1:1)
+ 1 Zimtstange

APFEL-GRAPEFRUIT-KONFITÜRE
MIT INGWER

ZUBEREITUNG

01. Die Einmachgläser und Deckel heiß ausspülen und kopfüber auf einem sauberen Küchentuch abtropfen lassen oder, wie auf der Außenklappe vorne beschrieben, sterilisieren.

02. Die Grapefruits so großzügig schälen, dass auch die weiße Haut mit entfernt wird. Die Filets zwischen den einzelnen Trennhäuten herausschneiden, den austretenden Saft auffangen. Den Rest der Grapefruits gut ausdrücken.

03. Die Äpfel vierteln, schälen und die Kerngehäuse entfernen. Die Apfelviertel in sehr feine Würfel schneiden. Mit dem Grapefruitsaft und den -filets mischen. Den Ingwer schälen und in feine Streifen schneiden. Mit dem Gelierzucker zur Obstmischung geben und gut mischen.

04. Die Obst-Zucker-Mischung in einem großen Topf bei starker Hitze unter stetigem Rühren zum Kochen bringen. Etwa 5 Minuten sprudelnd kochen lassen und dabei immer gut umrühren. Dann die Gelierprobe machen: etwas Fruchtmasse abnehmen und auf einen kalten Teller tropfen. Wenn die Masse noch nicht fest wird, nochmals kurz weiterkochen.

05. Die Apfel-Grapefruit-Konfitüre in die vorbereiteten Gläser füllen, gut verschließen und 10 Minuten auf den Kopf stellen. Wieder umdrehen und vollständig auskühlen lassen.

ZUTATEN FÜR CA. 4 GLÄSER (À 250 ML)

+ **2 gelbe Grapefruits**
+ **800 g grüne Äpfel (z.B. Granny Smith)**
+ **ca. 100 g Ingwer**
+ **500 g Gelierzucker (2 : 1)**

TIPP — *Je nach Belieben können Sie auch etwas mehr oder weniger Ingwer nehmen. Die Apfel-Grapefruit-Konfitüre hält sich kühl und dunkel gelagert bis zu einem Jahr.*

FEIGEN-BIRNEN-KONFITÜRE
MIT VANILLE

ZUBEREITUNG

01. Die Einmachgläser und Deckel heiß ausspülen und kopfüber auf einem sauberen Küchentuch abtropfen lassen oder, wie auf der Außenklappe vorne beschrieben, sterilisieren.

02. Die Feigen hauchdünn schälen und vierteln. Die Birnen vierteln, schälen und die Kerngehäuse entfernen. Die Birnenviertel in Würfel schneiden. Die Vanilleschote längs aufschneiden und das Mark mit einem spitzen Messer herauskratzen. Die Orange halbieren und den Saft auspressen.

03. Die Feigen und Birnen mit dem Vanillemark und dem Orangensaft in einem großen Topf langsam und unter Rühren zum Kochen bringen. Bei schwacher Hitze etwa 10 Minuten kochen lassen, dann den Gelierzucker hinzufügen und weitere etwa 5 Minuten sprudelnd kochen, dabei stetig rühren.

04. Die Feigen-Birnen-Konfitüre in die vorbereiteten Gläser füllen, gut verschließen und 10 Minuten auf den Kopf stellen. Wieder umdrehen und vollständig auskühlen lassen.

───────

TIPP — *Die Konfitüre am besten innerhalb von etwa 3 Monaten verbrauchen, denn danach färbt sie sich langsam von einem schönen Rot zu einem Braun.*

ZUTATEN FÜR 5 GLÄSER (À 300 ML)

+ **10 frische Feigen (ca. 500 g)**
+ **4 Birnen (ca. 500 g)**
+ **1 Vanilleschote**
+ **1 Orange**
+ **500 g Gelierzucker (2 : 1)**

ANANASKONFITÜRE
MIT INGWER

ZUTATEN FÜR 4 GLÄSER (À CA. 350 ML)

+ 1 Bio-Orange
+ 1 Limette
+ 1 Vanilleschote
+ 1 große Ananas (ca. 1,5 kg)
+ 1 EL frisch geriebener Ingwer
+ 100 g brauner Zucker
+ 400 g Gelierzucker (2 : 1)
+ 6 cl Rum

ZUBEREITUNG

01. Die Orange heiß waschen, trocken reiben und die Schale abreiben. Den Saft der Orange und der Limette auspressen. Die Vanilleschote längs aufschneiden. Die Ananas schälen, vierteln und den harten Strunk herausschneiden. Das Fruchtfleisch in kleine Würfel schneiden. Mit Zitrussäften und -schale, Ingwer, aufgeschlitzter Vanilleschote, braunem Zucker und Gelierzucker in einem großen Topf gut mischen und etwa 30 Minuten ziehen lassen.

02. Inzwischen die Einmachgläser und Deckel heiß ausspülen und kopfüber auf einem sauberen Küchentuch abtropfen lassen oder sterilisieren (siehe Außenklappe vorne).

03. Die Ananas-Zucker-Mischung unter Rühren zum Kochen bringen und etwa 4 Minuten sprudelnd kochen. Die Gelierprobe machen: etwas Fruchtmasse abnehmen und auf einen kalten Teller tropfen. Wenn die Masse noch nicht fest wird, nochmals kurz weiterkochen.

04. Die Vanilleschote entfernen und den Rum einrühren. Die Ananaskonfitüre in die vorbereiteten Gläser füllen, gut verschließen und 10 Minuten auf den Kopf stellen. Wieder umdrehen und vollständig auskühlen lassen.

PFIRSICH-KIWI-KONFITÜRE
MIT ORANGE

ZUTATEN FÜR 5 GLÄSER (À CA. 350 ML)

+ **1 kg Pfirsiche**
+ **1 Orange**
+ **1 Zitrone**
+ **4 Kiwis**
+ **600 g Gelierzucker (2 : 1)**

ZUBEREITUNG

01. Die Pfirsiche kreuzweise einritzen, überbrühen, kalt abschrecken, häuten, halbieren und entkernen. Das Fruchtfleisch in Würfel schneiden. Die Orange und die Zitrone halbieren und den Saft auspressen. Die Kiwis schälen, in Würfel schneiden und mit den Pfirsichstücken, dem Orangen- und dem Zitronensaft in einen Topf geben. Den Gelierzucker untermischen und etwa 30 Minuten ziehen lassen.

02. Inzwischen die Einmachgläser und Deckel heiß ausspülen und kopfüber auf einem sauberen Küchentuch abtropfen lassen oder, wie auf der Außenklappe vorne beschrieben, sterilisieren.

03. Die Früchte-Zucker-Mischung unter Rühren zum Kochen bringen, nach Bedarf mit dem Kartoffelstampfer leicht andrücken oder mit dem Stabmixer leicht stückig zerkleinern. Die Gelierprobe machen: etwas Fruchtmasse abnehmen und auf einen kalten Teller tropfen. Wenn die Masse noch nicht fest wird, nochmals kurz weiterkochen.

04. Die Pfirsich-Kiwi-Konfitüre in die vorbereiteten Gläser füllen, gut verschließen und 10 Minuten auf den Kopf stellen. Wieder umdrehen und vollständig auskühlen lassen.

APRIKOSENKONFITÜRE
MIT LAVENDEL

ZUBEREITUNG

01. Die Aprikosen kreuzweise einritzen, überbrühen, kalt abschrecken, häuten, halbieren, entsteinen und in Stücke schneiden. Die Zitrone heiß waschen, trocken reiben und die Schale abreiben. Die Zitrone halbieren und den Saft auspressen. Zitronenschale und -saft mit den Aprikosen und dem Gelierzucker in einem großen Topf mischen. Etwa 1 Stunde ziehen lassen.

02. Inzwischen die Einmachgläser und Deckel heiß ausspülen und kopfüber auf einem sauberen Küchentuch abtropfen lassen oder, wie auf der Außenklappe vorne beschrieben, sterilisieren.

03. Die Aprikosen-Zucker-Mischung unter Rühren zum Kochen bringen. Etwa 4 Minuten sprudelnd kochen lassen, dabei stetig umrühren. Die Lavendelblüten hinzufügen und die Gelierprobe machen: etwas Fruchtmasse abnehmen und auf einen kalten Teller tropfen. Wenn die Masse noch nicht fest wird, nochmals kurz weiterkochen.

04. Die Aprikosenkonfitüre in die vorbereiteten Gläser füllen, gut verschließen und 10 Minuten auf den Kopf stellen. Wieder umdrehen und vollständig auskühlen lassen.

ZUTATEN FÜR 2 GLÄSER (À CA. 500 ML)

+ 1 kg Aprikosen
+ 1 Bio-Zitrone
+ 500 g Gelierzucker (2 : 1)
+ 1 EL Lavendelblüten (frisch gezupft)

TIPP — Für eine klassische Aprikosenkonfitüre lassen Sie die Lavendelblüten einfach weg, so ist sie übrigens länger haltbar. Denn Zutaten wie Nüsse, Kräuter, Blüten und Gewürze können die Haltbarkeit reduzieren.
Oder verfeinern Sie die Konfitüre stattdessen einmal mit dem Mark von 1 Vanilleschote. Sie können auch die aufgeschlitzte Vanilleschote mitkochen und vor dem Einfüllen in die Gläser wieder entfernen.

ORANGEN-APRIKOSEN-MARMELADE
MIT MANDELN

ZUBEREITUNG

01. Die Einmachgläser und Deckel heiß ausspülen und kopfüber auf einem sauberen Küchentuch abtropfen lassen oder, wie auf der Außenklappe vorne beschrieben, sterilisieren.

02. Die Orangen halbieren und den Saft auspressen. 400 ml Orangensaft abmessen. Bei Bedarf mit Wasser auf 400 ml auffüllen. Die Aprikosen waschen, halbieren und entsteinen. Das Fruchtfleisch in sehr schmale Spalten schneiden.

03. Die Aprikosenspalten mit dem Orangensaft, dem Zitronensaft und den Mandeln in einem großen Topf mischen. Den Gelierzucker einrühren und das Ganze unter gelegentlichem Rühren zum Kochen bringen. Bei schwacher Hitze 3 bis 4 Minuten köcheln lassen. Den entstandenen Schaum mit dem Schaumlöffel abschöpfen.

04. Den Likör unterrühren und die Orangen-Aprikosen-Marmelade in die vorbereiteten Gläser füllen, gut verschließen und 10 Minuten auf den Kopf stellen. Wieder umdrehen und vollständig auskühlen lassen.

———

TIPP — *Aprikosen haben ab Juni Hauptsaison. Sie werden zwar vor allem im warmen Mittelmeerraum angebaut, aber zur Aprikosen-Hochsaison sind auch einige deutsche Sorten erhältlich.*

ZUTATEN FÜR 4 GLÄSER (À 250 ML)

+ 1 kg Saftorangen
+ 300 g Aprikosen
+ 3−4 EL Zitronensaft
+ 80 g Mandelblättchen
+ 400 g Gelierzucker (2 : 1)
+ 50 ml Orangenlikör

ORANGENGELEE
AUF ENGLISCHE ART

ZUBEREITUNG

01. Die Bio-Orangen heiß waschen, trocken reiben und die Schale mit dem Zestenreißer in feinen Streifen abziehen. Alle Orangen so großzügig schälen, dass auch die weiße Haut mit entfernt wird. Das Fruchtfleisch in Würfel schneiden und die Kerne entfernen.

02. Die Orangen in einer Metallschüssel mit geschlossenem Deckel im heißen Wasserbad mindestens 2 Stunden köcheln lassen, bis die Früchte sehr weich sind und zerfallen.

03. Ein feines Sieb mit einem sauberen Küchentuch auslegen und über eine Schüssel hängen. Das Orangenmus hineingeben und den Saft mehrere Stunden abtropfen lassen. Dabei nicht drücken, da der Saft sonst trüb wird.

04. Inzwischen die Einmachgläser und Deckel heiß ausspülen und kopfüber auf einem sauberen Küchentuch abtropfen lassen oder, wie auf der Außenklappe vorne beschrieben, sterilisieren.

05. Den Orangensaft abmessen und die gleiche Menge Gelierzucker abwiegen. Den Gelierzucker mit 2 EL Wasser in einem großen Topf bei mittlerer Hitze unter Rühren schmelzen und zu einem dicklichen Sirup einkochen. Den Orangensaft und die -zesten dazugeben und offen bei starker Hitze 5 Minuten kochen lassen.

06. Das Orangengelee in die vorbereiteten Gläser füllen, gut verschließen und 10 Minuten auf den Kopf stellen. Wieder umdrehen und vollständig auskühlen lassen.

ZUTATEN FÜR 8 GLÄSER (À 250 ML)

+ **5 kg Orangen (davon 5 Bio-Orangen)**
+ **Gelierzucker nach Bedarf (1 : 1; ca. 2 kg)**

GRANATAPFELGELEE
MIT APFELSAFT

ZUTATEN FÜR 4 GLÄSER (À CA. 250 ML)

+ 1 Zitrone
+ 3 Granatäpfel
+ ca. 600 ml klarer Apfelsaft
+ 500 g Gelierzucker (2 : 1)

ZUBEREITUNG

01. Die Einmachgläser und Deckel heiß aus-spülen und kopfüber auf einem sauberen Küchentuch abtropfen lassen oder, wie auf der Außenklappe vorne beschrieben, sterilisieren.

02. Die Zitrone halbieren und den Saft aus-pressen. Die Granatäpfel rundherum gut an-drücken, halbieren, die Kerne herauslösen und durch ein feines Sieb streichen, dabei den Saft auffangen. Mit dem Apfel- und Zitronensaft auf 800 ml auffüllen. Mit dem Gelierzucker in einem großen Topf unter Rühren zum Kochen bringen. Etwa 4 Minuten sprudelnd kochen lassen. Die Gelierprobe machen: etwas Fruchtmasse abnehmen und auf einen kalten Teller tropfen. Wenn die Masse noch nicht fest wird, nochmals kurz weiterkochen.

03. Das Granatapfelgelee in die vorbereiteten Gläser füllen, gut verschließen und 10 Minuten auf den Kopf stellen. Wieder umdrehen und vollständig auskühlen lassen.

TRAUBENGELEE
MIT PINOT NOIR

ZUTATEN FÜR 4 GLÄSER (À CA. 250 ML)

+ **1 kg dunkle Trauben**
+ **300 ml Rotwein (Pinot Noir)**
+ **300 g Gelierzucker (3 : 1)**
+ **1 Zimtstange**

ZUBEREITUNG

01. Die Trauben verlesen, waschen, abtropfen lassen und mit dem Kartoffelstampfer leicht andrücken. Mit dem Wein in einem großen Topf bei starker Hitze zum Kochen bringen. Dann die Temperatur reduzieren und die Trauben 20 bis 30 Minuten leicht köcheln lassen, bis sie weich sind und zerfallen.

02. Ein feines Sieb mit einem sauberen Küchentuch auslegen und über eine Schüssel hängen. Die Trauben hineingeben und den Saft über Nacht abtropfen lassen.

03. Am nächsten Tag die Einmachgläser und Deckel heiß ausspülen und kopfüber auf einem sauberen Küchentuch abtropfen lassen oder, wie auf der Außenklappe vorne beschrieben, sterilisieren.

04. Den entstandenen Traubensaft mit Gelierzucker und Zimtstange in einen sauberen, großen Topf geben. Unter häufigem Rühren zum Kochen bringen und 4 Minuten sprudelnd kochen lassen. Zimtstange entfernen.

05. Das Traubengelee in die vorbereiteten Gläser füllen, gut verschließen und 10 Minuten auf den Kopf stellen. Wieder umdrehen und vollständig auskühlen lassen.

HOLZAPFELGELEE
NACH GROSSMUTTERS ART

ZUBEREITUNG

01. Die Holzäpfel waschen, Blüten- und Stielansätze entfernen und die Früchte in kleine Stücke schneiden. In einen großen Topf geben und so viel Wasser hinzufügen, dass die Apfelstücke etwa 2 cm hoch bedeckt sind. Unter Rühren langsam zum Kochen bringen und offen bei mittlerer Hitze etwa 45 Minuten zu einem Mus kochen, dabei immer wieder umrühren.

02. Ein feines Sieb mit einem sauberen Küchentuch auslegen und über eine Schüssel hängen. Das Apfelmus hineingeben und den Saft mehrere Stunden abtropfen lassen. Dabei nicht drücken, da der Saft sonst trüb wird.

03. Inzwischen die Einmachgläser und Deckel heiß ausspülen und kopfüber auf einem sauberen Küchentuch abtropfen lassen oder, wie auf der Außenklappe vorne beschrieben, sterilisieren.

04. Den abgetropften Saft mit dem Zitronensaft mischen und abmessen. Pro ½ l Saft werden 400 g Zucker benötigt. In einem Topf den Saft langsam zum Kochen bringen und offen bei mittlerer Hitze 10 Minuten kochen lassen, dabei nach und nach den Zucker einstreuen und immer wieder umrühren. Weitere 5 Minuten köcheln lassen.

05. Das Holzapfelgelee in die vorbereiteten Gläser füllen, gut verschließen und 10 Minuten auf den Kopf stellen. Wieder umdrehen und vollständig auskühlen lassen.

ZUTATEN FÜR 6–8 GLÄSER (À 250 ML)

+ **2 kg Holzäpfel**
+ **Saft von 2 Zitronen**
+ **Zucker nach Bedarf (ca. 1½ kg)**

TIPP — *Das Gelee erhält ein besonderes Aroma, wenn Sie zusätzlich je 1 Lavendelblüte mit ins Glas geben. Sind Sie ein Fan seltener Obstsorten, dann garen Sie noch ein paar entsteinte Kornelkirschen mit.*

QUITTENGELEE
MIT KÜRBIS UND INGWER

ZUTATEN FÜR 8 GLÄSER (À 250 ML)

+ 2 kg Quitten
+ Zucker nach Bedarf (ca. 1½ kg)
+ 300 g Kürbisfruchtfleisch
  (z. B. Gelber Zentner; in kleinen Würfeln)
+ 1 EL geriebener Ingwer

ZUBEREITUNG

01. Die Quitten putzen, waschen und in kleine Stücke schneiden. In einen großen Topf geben und so viel Wasser hinzufügen, dass die Fruchtstücke etwa 2 cm hoch bedeckt sind. Alles langsam zum Kochen bringen und offen bei mittlerer Hitze 40 Minuten zu einem Mus kochen.

02. Ein feines Sieb mit einem sauberen Küchentuch auslegen und über eine Schüssel hängen. Das Quittenmus hineingeben und den Saft mehrere Stunden abtropfen lassen. Dabei nicht drücken, da der Saft sonst trüb wird.

03. Inzwischen die Einmachgläser und Deckel heiß ausspülen und kopfüber auf einem sauberen Küchentuch abtropfen lassen oder, wie auf der Außenklappe vorne beschrieben, sterilisieren.

04. Den Quittensaft abmessen und mit der gleichen Menge Zucker in einem Topf langsam zum Kochen bringen. Offen bei mittlerer Hitze 5 Minuten kochen lassen, den entstandenen Schaum abschöpfen. Kürbis und Ingwer dazugeben, weitere 5 Minuten kochen. Das Quittengelee in die Gläser füllen, gut verschließen und 10 Minuten auf den Kopf stellen. Wieder umdrehen und vollständig auskühlen lassen.

ROTES JOHANNISBEERGELEE
MIT ZITRONE

ZUTATEN FÜR 6 GLÄSER (À CA. 250 ML)

+ 1 kg Rote Johannisbeeren
+ 1 Zitrone
+ Gelierzucker (1 : 1) nach Bedarf (ca. 800 g)

ZUBEREITUNG

01. Die Einmachgläser und Deckel heiß ausspülen und kopfüber auf einem sauberen Küchentuch abtropfen lassen oder, wie auf der Außenklappe vorne beschrieben, sterilisieren.

02. Die Johannisbeeren verlesen, waschen und abtropfen lassen. Die Beeren mit einer Gabel von den Rispen streifen und im Entsafter entsaften oder durch ein feines Sieb streichen. Die Zitrone halbieren und den Saft auspressen.

03. Den Zitronensaft mit dem Johannisbeersaft mischen. Die Menge abmessen und mit derselben Menge Gelierzucker in einem Topf zum Kochen bringen. Etwa 4 Minuten sprudelnd kochen lassen. Die Gelierprobe machen: etwas Fruchtmasse abnehmen und auf einen kalten Teller tropfen. Wenn die Masse noch nicht fest wird, nochmals kurz weiterkochen.

04. Das Johannisbeergelee in die vorbereiteten Gläser füllen, gut verschließen und 10 Minuten auf den Kopf stellen. Wieder umdrehen und vollständig auskühlen lassen.

EINGELEGTE FRÜCHTE, SIRUPE & CO.

APFELKOMPOTT
MIT STERNANIS

ZUBEREITUNG

01. Das Einmachglas und den Deckel heiß ausspülen und kopfüber auf einem sauberen Küchentuch abtropfen lassen oder, wie auf der Außenklappe vorne beschrieben, sterilisieren.

02. Die Vanilleschote längs aufschneiden. Die Zitrone halbieren und den Saft auspressen. Den Zitronensaft mit etwa 150 ml Wasser, Wein, Zimt, Sternanis, aufgeschlitzter Vanilleschote und Zucker in einem großen Topf zum Kochen bringen.

03. Die Äpfel vierteln, schälen und die Kerngehäuse entfernen. Die Apfelviertel in Spalten schneiden. In den Sud geben, erneut zum Kochen bringen und bei schwacher Hitze 2 bis 3 Minuten köcheln lassen. Die Äpfel mit einem Schaumlöffel aus dem Sud heben und in das vorbereitete Glas füllen.

04. Den Sud aufkochen und mit den Gewürzen über die Äpfel gießen, sodass das Glas bis zum Rand gefüllt ist und die Äpfel bedeckt sind. Gut verschließen und das Apfelkompott vollständig auskühlen lassen.

———

TIPP — *Wer mag, verfeinert das Kompott noch mit einem Schuss Rum oder mischt ein paar Birnenspalten darunter.*

ZUTATEN FÜR
1 EINMACHGLAS (CA. 1 L)

+ 1 Vanilleschote
+ 1 Zitrone
+ 200 ml trockener Weißwein
+ 1 Zimtstange
+ 2—3 Sternanis
+ 200 g Zucker
+ 1 kg Äpfel

RHABARBERKOMPOTT
MIT ERDBEERSIRUP

ZUTATEN FÜR 2 GLÄSER (À CA. 400 ML)

+ 600 g Rhabarber
+ ca. 125 g Zucker
+ 4 EL Erdbeersirup
+ 1 Vanilleschote

ZUBEREITUNG

01. Den Rhabarber putzen, waschen und die Fäden abziehen. Die Rhabarberstangen in etwa 2 cm große Stücke schneiden und mit dem Zucker und dem Sirup mischen.

02. Die Vanilleschote längs aufschneiden und das Mark mit einem spitzen Messer herauskratzen. Vanilleschote und -mark unter den Rhabarber mischen und zugedeckt etwa 30 Minuten ziehen lassen.

03. Inzwischen die Einmachgläser und Deckel heiß ausspülen und kopfüber auf einem sauberen Küchentuch abtropfen lassen oder, wie auf der Außenklappe vorne beschrieben, sterilisieren.

04. Anschließend den Rhabarber in ein Sieb abgießen, dabei die entstandene Flüssigkeit auffangen. Den Rhabarbersud mit der Vanilleschote zum Kochen bringen und 1 bis 2 Minuten köcheln lassen. Dann den Rhabarber dazugeben und im Sud 4 bis 5 Minuten köcheln lassen, sodass er weich ist, aber noch nicht zerfällt. Das Rhabarberkompott in die vorbereiteten Gläser füllen, gut verschließen und vollständig auskühlen lassen.

EINGELEGTE BIRNEN UND FEIGEN
MIT PISTAZIEN

ZUTATEN FÜR 1 GLAS (CA. 1 L)

+ **1 Zitrone**
+ **150 ml klarer Apfelsaft**
+ **1 Zimtstange**
+ **150 g Zucker**
+ **5–6 Birnen**
+ **2 EL Pistazienkerne**
+ **2 Feigen**
+ **4 cl Wodka**

ZUBEREITUNG

01. Das Einmachglas und den Deckel heiß ausspülen und kopfüber auf einem sauberen Küchentuch abtropfen lassen oder, wie auf der Außenklappe vorne beschrieben, sterilisieren.

02. Die Zitrone halbieren und den Saft auspressen. Den Zitronensaft mit Apfelsaft, etwa 300 ml Wasser, dem Zimt und dem Zucker zum Kochen bringen.

03. Die Birnen halbieren, schälen und die Kerngehäuse entfernen. Mit den Pistazienkernen in den Sud geben und etwa 5 Minuten köcheln lassen.

04. Inzwischen die Feigen waschen und vierteln. Die Birnen mit dem Schaumlöffel aus dem Sud heben und zusammen mit den Feigen in das vorbereitete Glas füllen. Den Wodka zum Sud gießen, zum Kochen bringen und mit dem Zimt über die Birnen gießen, sodass das Obst vollständig bedeckt ist. Gut verschließen und die eingelegten Birnen und Feigen vollständig auskühlen lassen.

BIRNENKOMPOTT
MIT SAFRAN

ZUBEREITUNG

01. Die Einmachgläser und Deckel heiß ausspülen und kopfüber auf einem sauberen Küchentuch abtropfen lassen oder, wie auf der Außenklappe vorne beschrieben, sterilisieren.

02. Die Birnen vierteln, schälen und die Kerngehäuse entfernen. Die Birnenviertel in Stücke schneiden. Die Limetten halbieren und den Saft auspressen.

03. Den Wein mit Limettensaft, 200 ml Wasser, Vanillezucker und Zucker aufkochen lassen. Die Birnen und den Safran dazugeben und etwa 5 Minuten köcheln lassen.

04. Das Birnenkompott in die vorbereiteten Gläser füllen, gut verschließen und vollständig auskühlen lassen.

TIPP — Kompotte mit geringem Zuckergehalt sollten Sie innerhalb weniger Wochen verbrauchen. Für eine längere Haltbarkeit können Sie die befüllten Gläser im Wasserbad sterilisieren: Die Gläser heiß bis etwa 2 cm unter den Rand füllen und gut verschließen. Ein gefaltetes Küchentuch in einen Topf legen, die Gläser daraufstellen und bis knapp unter die Deckel der Gläser mit heißem Wasser auffüllen. Zum Kochen bringen, dann die Hitze reduzieren und 20 Minuten sterilisieren.

ZUTATEN FÜR 4 GLÄSER (À CA. 350 ML)

+ **1,2 kg Birnen**
+ **2 Limetten**
+ **200 ml lieblicher Weißwein**
+ **2 EL Vanillezucker**
+ **150 g Zucker**
+ **1 Döschen Safranfäden (0,1 g)**

PFLAUMENKOMPOTT
MIT ZIMT

ZUBEREITUNG

01.   Die Einmachgläser und Deckel heiß ausspülen und kopfüber auf einem sauberen Küchentuch abtropfen lassen oder, wie auf der Außenklappe vorne beschrieben, sterilisieren.

02.   Die Pflaumen waschen, halbieren und entsteinen. Die Zitrone halbieren und den Saft auspressen.

03.   Den Zucker in einem Topf leicht karamellisieren lassen und mit dem Schnaps ablöschen. Den Apfel- und Zitronensaft dazugeben und zum Kochen bringen.

04.   Die Zimtstange in Stücke brechen und mit den Pflaumen in die Flüssigkeit geben. So lange kochen, bis die Pflaumen beginnen zu zerfallen. Dann das Pflaumenkompott in die vorbereiteten Gläser füllen, gut verschließen und vollständig auskühlen lassen.

———

TIPP — *Für das Kompott können Sie unterschiedliche Pflaumensorten verwenden. Probieren Sie z. B. auch einmal die sehr süßen, gelbgrünen Renekloden.*

ZUTATEN FÜR 2 GLÄSER (À CA. 500 ML)

+ 1½ kg Pflaumen
+ 1 Zitrone
+ 100 g Zucker
+ 4 cl Pflaumenschnaps
+ ¼ l klarer Apfelsaft
+ 1 Zimtstange

ROTE GRÜTZE
MIT KIRSCHEN

ZUBEREITUNG

01. Die Einmachgläser und Deckel heiß ausspülen und kopfüber auf einem sauberen Küchentuch abtropfen lassen oder, wie auf der Außenklappe vorne beschrieben, sterilisieren.

02. Die Kirschen waschen, entstielen, halbieren und entsteinen. Die Orange und die Zitrone halbieren und den Saft auspressen. Die Zimtstange in 2 bis 3 Stücke brechen. Die Kardamomkapseln leicht andrücken. Die Speisestärke mit 3 bis 4 EL Sauerkirschsaft glatt rühren.

03. Den restlichen Sauerkirschsaft mit Orangensaft, Zitronensaft, Vanillezucker, Zucker, Zimt und Kardamom aufkochen. Die angerührte Speisestärke unterrühren, einige Minuten unter Rühren köcheln und binden lassen. Die Kirschen und den Likör untermischen und aufkochen.

04. Die Gewürze wieder entfernen. Die Rote Grütze in die vorbereiteten Gläser füllen, gut verschließen und vollständig auskühlen lassen.

_____

TIPP — *Kühl und dunkel gelagert, hält sich die Rote Grütze mindestens 2 Wochen. Dazu passt Vanillesauce oder -eis.*

ZUTATEN FÜR 2 GLÄSER (À CA. 500 ML)

+ **600 g Sauerkirschen (z.B. Schattenmorellen)**
+ **1 Orange**
+ **1 Zitrone**
+ **½ Zimtstange**
+ **2 Kardamomkapseln**
+ **2 EL Speisestärke**
+ **400 ml Sauerkirschsaft**
+ **2 EL Vanillezucker**
+ **80 g Zucker**
+ **4 cl Crème de Cassis (franz. Johannisbeerlikör)**

ANANASKOMPOTT
MIT LITSCHIS

ZUBEREITUNG

01. Die Einmachgläser und Deckel heiß ausspülen und kopfüber auf einem sauberen Küchentuch abtropfen lassen oder, wie auf der Außenklappe vorne beschrieben, sterilisieren.

02. Die Ananas schälen, vierteln und den harten Strunk herausschneiden. Das Fruchtfleisch in kleine Würfel schneiden. Die Litschis schälen, entkernen und in Stücke schneiden. Die Orange halbieren und den Saft auspressen.

03. Den Rum mit 400 ml Wasser, Orangensaft und braunem Zucker zum Kochen bringen. Die Früchte dazugeben und aufkochen. Etwa 5 Minuten köcheln lassen.

04. Das Ananaskompott in die vorbereiteten Gläser füllen, gut verschließen und vollständig auskühlen lassen.

──────

TIPP — *Litschis werden in Südchina und anderen subtropischen Gebieten weltweit angebaut. Bei uns kauft man die süßen Früchte am besten im Winter und vollreif, da sie nach der Ernte nicht mehr nachreifen. Ihr Fruchtfleisch hat eine feinherbe Muskatnote.*

ZUTATEN FÜR 2 GLÄSER (À CA. 500 ML)

+ **1 große Ananas**
+ **500 g Litschis**
+ **1 Orange**
+ **200 ml Rum**
+ **100 g brauner Zucker**

QUITTENKOMPOTT
MIT WEISSWEIN UND VANILLE

ZUBEREITUNG

01. Die Einmachgläser und Deckel heiß ausspülen und kopfüber auf einem sauberen Küchentuch abtropfen lassen oder, wie auf der Außenklappe vorne beschrieben, sterilisieren.

02. Die Quitten schälen, vierteln und die Kerngehäuse entfernen. Die Quittenviertel in Spalten schneiden, in eine Schüssel geben und mit dem Zitronensaft beträufeln.

03. Die Vanilleschoten längs aufschneiden und das Mark mit einem spitzen Messer herauskratzen. Die Schoten und das Mark mit braunem Zucker, Gewürznelke, ¼ l Wasser und Wein in einen Topf geben und aufkochen lassen.

04. Die Quittenspalten hinzufügen und im heißen Sud 6 bis 10 Minuten bissfest garen. Mit dem Schaumlöffel herausnehmen und beiseitelegen. Den Sud etwa 10 Minuten sirupartig einkochen lassen.

05. Die Quitten in die vorbereiteten Gläser geben und mit dem Gewürzsirup übergießen. Die Gläser gut verschließen und das Quittenkompott auskühlen lassen. Oder das Quittenkompott in Schälchen geben und am besten noch warm, z.B. mit etwas cremigem Vanilleeis, zu Pfannkuchen, Waffeln oder Kaiserschmarren servieren.

ZUTATEN FÜR 4 GLÄSER (À CA. 300 ML)

+ **4 Quitten**
+ **Saft von ½ Zitrone**
+ **2 Vanilleschoten**
+ **150 g brauner Zucker**
+ **1 Gewürznelke**
+ **125 ml trockener Weißwein**

TIPP — *Quitten haben von September bis November Saison. Wenn Sie Marmeladen oder Gelees kochen möchten, sollten die Früchte nicht vollreif geerntet werden. So bleibt ihr hoher Pektingehalt besser erhalten, sodass Sie beim Einkochen anstatt Gelierzucker auch normalen Zucker verwenden können. Da der Flaum der jungen Früchte Bitterstoffe enthält, sollte man ihn unbedingt mit einem Tuch entfernen.*

ROSA APFELMUS
MIT WEINBERGPFIRSICHEN

ZUBEREITUNG

01.   Die Einmachgläser und Deckel heiß ausspülen und kopfüber auf einem sauberen Küchentuch abtropfen lassen oder, wie auf der Außenklappe vorne beschrieben, sterilisieren.

02.   Die Äpfel waschen, vierteln und die Kerngehäuse entfernen. Die Apfelviertel in kleine Würfel schneiden und mit dem Zitronensaft beträufeln. Die Pfirsiche waschen, halbieren und entsteinen. Die Pfirsichhälften in Würfel schneiden. Beides in einem Topf mit 100 ml Wasser und 1 Prise Zimt zum Kochen bringen und zugedeckt bei mittlerer Hitze etwa 6 Minuten weich kochen.

03.   Die weichen Äpfel und Pfirsiche durch die Flotte Lotte passieren oder durch ein feinmaschiges Sieb streichen. Das Apfelmus mit Zucker abschmecken.

04.   Das Apfelmus noch einmal erhitzen, in die vorbereiteten Gläser füllen, gut verschließen und auskühlen lassen.

———

TIPP — *Das Apfelmus erhält ein besonderes Aroma, wenn Sie das Wasser durch die gleiche Menge Holunderblütensirup ersetzen oder je 1 bis 2 EL Rosenwasser (aus der Apotheke) und Zitronensaft hinzufügen.*

ZUTATEN FÜR 4 GLÄSER (À 250 ML)

+ **600 g säuerliche Äpfel (z.B. Braeburn)**
+ **2 EL Zitronensaft**
+ **400 g rote Weinbergpfirsiche**
+ **Zimtpulver**
+ **Zucker**

HOLUNDERBLÜTENSIRUP
MIT ZITRONE UND ORANGE

ZUBEREITUNG

01. Die Holunderblütendolden abbrausen, trocken schütteln und grobe Stiele entfernen. Das Mineralwasser in einem Topf erwärmen und den Zucker darin unter Rühren auflösen.

02. Die Zitronen und die Orange heiß waschen, trocken reiben und in Scheiben schneiden. Ein großes Einmachglas oder einen Topf aus Steingut oder Porzellan (5 l Inhalt) heiß ausspülen, Zitrusscheiben und Holunderblüten einschichten und mit Zitronensäure bestreuen. Die Zuckerlösung vorsichtig daraufgießen. Den Holundersirup zugedeckt an einem kühlen Ort 2 bis 3 Tage ziehen lassen, dabei zwei- bis dreimal täglich mit einem Löffel aus Metall umrühren.

03. Die Flaschen und Deckel, wie auf der Außenklappe vorne beschrieben, sterilisieren.

04. Den Holunderblütensirup durch ein Sieb geben und mithilfe eines Trichters in die vorbereiteten Flaschen füllen, gut verschließen und kühl und dunkel aufbewahren.

_____

TIPP — *Schön erfrischend und prickelnd wird es, wenn Sie etwas Holunderblütensirup in Sektgläser geben und mit gekühltem Prosecco oder Sekt aufgießen.*

ZUTATEN FÜR 4 FLASCHEN (À CA. 500 ML)

+ **30 schöne Holunderblütendolden**
+ **2 l stilles Mineralwasser**
+ **3 kg Zucker**
+ **2 Bio-Zitronen**
+ **1 Bio-Orange**
+ **4 EL Zitronensäurepulver (aus dem Reformhaus)**

MARACUJASIRUP
MIT ZITRONE

ZUBEREITUNG

01. Die Flaschen und Deckel heiß ausspülen und kopfüber auf einem sauberen Küchentuch abtropfen lassen oder, wie auf der Außenklappe vorne beschrieben, sterilisieren.

02. Die Zitronen halbieren und den Saft auspressen. Die Passionsfrüchte halbieren und das Fruchtmark mit einem Löffel herauslösen.

03. Das Passionsfruchtmark mit dem braunen Zucker und 400 ml Wasser in einem Topf zum Kochen bringen. Etwa 10 Minuten kochen lassen. Dann durch ein mit einem sauberen Küchentuch ausgelegtes Sieb passieren. Den Saft zurück in den Topf geben und mit Zitronensaft, Zucker und 400 ml Wasser aufkochen. Etwa 5 Minuten leicht sirupartig einkochen.

04. Den Maracujasirup mithilfe eines Trichters in die vorbereiteten Flaschen füllen, gut verschließen und vollständig auskühlen lassen.

──────

TIPP — *Servieren Sie den Passionsfruchtsirup am besten verdünnt mit gut gekühltem Mineralwasser als Limonade oder mit Sekt als Aperitif.*

ZUTATEN FÜR 2 FLASCHEN (À CA. 500 ML)

+ **2 Zitronen**
+ **10—12 Passionsfrüchte (z.B. Maracujas)**
+ **100 g brauner Zucker**
+ **400 g Zucker**

ANANAS-VANILLE-SIRUP
MIT LIMETTE

ZUTATEN FÜR 1 FLASCHE (À CA. 500 ML)

+ 1 Ananas
+ 1 Vanilleschote
+ 1 Limette
+ 200 g Zucker

ZUBEREITUNG

01. Die Flasche und den Deckel heiß ausspülen und kopfüber auf einem sauberen Küchentuch abtropfen lassen oder, wie auf der Außenklappe vorne beschrieben, sterilisieren.

02. Die Ananas schälen, vierteln und den harten Strunk herausschneiden. Das Fruchtfleisch in Stücke schneiden und im Küchenmixer oder mit dem Stabmixer pürieren. Durch ein mit einem sauberen, feinen Küchentuch ausgelegtes Sieb passieren, gut ausdrücken und den Saft auffangen. Die Vanilleschote längs aufschneiden. Die Limette halbieren und den Saft auspressen.

03. Den Ananassaft mit dem Zucker, der aufgeschlitzten Vanilleschote, dem Limettensaft und 200 ml Wasser in einem Topf zum Kochen bringen. Etwa 5 Minuten köcheln lassen.

04. Den Ananas-Vanille-Sirup mithilfe eines Trichters in die vorbereitete Flasche füllen, gut verschließen und vollständig auskühlen lassen.

EXOTISCHER RUMTOPF
MIT SÜDFRÜCHTEN

ZUTATEN FÜR 1 RUMTOPF (CA. 4 LITER)

+ 1 Ananas
+ 2–3 Kiwis
+ 200 g Litschis
+ 300 g Honigmelonenfruchtfleisch
+ 400 g Mangofruchtfleisch
+ 1 kg Zucker
+ 1½ l weißer Rum

ZUBEREITUNG

01. Die Ananas schälen, vierteln und den harten Strunk herausschneiden. 500 g Fruchtfleisch abwiegen und in Stücke schneiden.

02. Die Kiwis schälen und in Scheiben schneiden. Die Litschis schälen und entkernen. Das Melonenfruchtfleisch entkernen und in mundgerechte Stücke schneiden. Das Mangofruchtfleisch in Streifen teilen.

03. Alle Früchte mit dem Zucker mischen und 2 bis 3 Stunden ziehen lassen.

04. Die Früchte-Zucker-Mischung mit der ausgetretenen Flüssigkeit in einen großen, sauberen Topf aus Steingut, Porzellan oder Glas geben, mit dem Rum übergießen, sodass die Früchte vollständig bedeckt sind. Oben schwimmende Früchte abschöpfen. Den Rumtopf zugedeckt an einem kühlen, dunklen Ort mindestens 4 Wochen ziehen lassen.

KIRSCHLIKÖR
AUS SÜSSKIRSCHEN

ZUBEREITUNG

01. Ein großes Einmachglas (1 l Inhalt) und den Deckel heiß ausspülen und kopfüber auf einem sauberen Küchentuch abtropfen lassen oder, wie auf der Außenklappe vorne beschrieben, sterilisieren.

02. Die Kirschen waschen, entstielen, halbieren und entsteinen. Die Kirschkerne mit einem Hammer zerschlagen und in das vorbereitete Einmachglas geben. Die Kirschen und den Kandiszucker dazugeben. Mit dem Weinbrand auffüllen. Das Glas verschließen und den Likör an einem kühlen und dunklen Ort etwa 8 Wochen ziehen lassen.

03. Die Flaschen und Deckel heiß ausspülen und kopfüber auf einem sauberen Küchentuch abtropfen lassen oder, wie auf der Außenklappe vorne beschrieben, sterilisieren.

04. Den Kirschlikör z.B. durch einen Kaffeefilter filtern und mithilfe eines Trichters in die vorbereiteten Flaschen füllen, gut verschließen und nochmals etwa 4 Monate reifen lassen.

―――

TIPP — *Die Erntezeit der Süßkirschen ist von Juni bis Juli. Da sie druckempfindlich sind und leicht verderben, sollten sie schnell verwendet werden.*

ZUTATEN FÜR 4 FLASCHEN (À CA. 250 ML)

+ **250 g Süßkirschen**
+ **200 g weißer Kandiszucker**
+ **800 ml Weinbrand**

CRANBERRY-LIKÖR
MIT ZITRONE

ZUTATEN FÜR 2 FLASCHEN (À 500 ML)

+ **300 g Cranberrys**
+ **200 g Kandiszucker**
+ **2 Streifen Bio-Zitronenschale**
+ **700 ml klarer Schnaps (z.B. Korn)**
+ **100 ml halbtrockener Weißwein**
  (z.B. Riesling Spätlese)

ZUBEREITUNG

01. Die Flaschen und Deckel heiß ausspülen und kopfüber auf einem sauberen Küchentuch abtropfen lassen oder, wie auf der Außenklappe vorne beschrieben, sterilisieren.

02. Die Cranberrys verlesen, waschen und abtropfen lassen. In eine Schüssel geben und leicht andrücken, dann in die vorbereiteten Flaschen füllen.

03. Den Kandiszucker und die Zitronenschale dazugeben und den Schnaps daraufgießen. Gut verschlossen an einem dunklen, nicht zu kühlen Ort etwa 8 Wochen ziehen lassen, dabei gelegentlich durchschütteln.

04. Anschließend ein Sieb mit einem sauberen Küchentuch auslegen und den Liköransatz durch das Tuch in eine Schüssel gießen. Die Flaschen nochmals, wie bereits beschrieben, vorbereiten.

05. Den Wein und 200 ml Wasser zum Liköransatz gießen. Den Likör in die vorbereiteten Flaschen füllen. Nach Belieben noch ein paar Cranberrys und je 1 Streifen Bio-Zitronenschale zur Deko dazugeben. Die Flaschen gut verschließen und den Cranberry-Likör noch einige Wochen reifen lassen.

ESSIGKIRSCHEN
MIT ZIMT UND GEWÜRZNELKEN

ZUTATEN FÜR 2 GLÄSER (À 500 ML)

+ 1 kg Sauerkirschen (mit Stiel)
+ 300 g Einmachzucker
+ 150 ml Rotweinessig
+ 1 Zimtstange
+ 3—4 Gewürznelken

ZUBEREITUNG

01. Die Kirschen waschen, gut abtropfen lassen und im Ganzen mit den Stielen in eine Schüssel geben.

02. In einem Topf 100 ml Wasser mit Zucker, Essig, Zimt und Gewürznelken zum Kochen bringen. Über die Kirschen gießen. Mit einem Teller zudecken und über Nacht ziehen lassen.

03. Am nächsten Tag die Flüssigkeit durch ein Sieb in einen Topf gießen, auf ein Viertel einkochen lassen, über die Kirschen gießen und nochmals über Nacht ziehen lassen.

04. Am dritten Tag die Einmachgläser und Deckel heiß ausspülen, kopfüber auf einem sauberen Küchentuch abtropfen lassen oder, wie auf der Außenklappe vorne beschrieben, sterilisieren.

05. Die Flüssigkeit wieder durch ein Sieb in einen Topf gießen, zum Kochen bringen und 4 Minuten leicht sirupartig einkochen lassen. Die Kirschen dazugeben und langsam zum Kochen bringen. Die Kirschen und den Sirup in die vorbereiteten Gläser füllen, gut verschließen und auskühlen lassen. Die Essigkirschen schmecken z.B. zu Käse.

03

CHUTNEYS, RELISHES & SAUCEN

GEMÜSE-CHUTNEY
MIT ÄPFELN

ZUBEREITUNG

01.   Die Einmachgläser und Deckel heiß ausspülen und kopfüber auf einem sauberen Küchentuch abtropfen lassen oder, wie auf der Außenklappe vorne beschrieben, sterilisieren.

02.   Die Tomaten kreuzweise einritzen, überbrühen, häuten, vierteln und entkernen. Die Tomatenviertel in kleine Würfel schneiden. Die Paprikaschoten längs halbieren, entkernen, waschen und in kleine Würfel schneiden. Die Äpfel vierteln, schälen und die Kerngehäuse entfernen. Die Apfelviertel ebenfalls in kleine Würfel schneiden. Zwiebeln und Knoblauch schälen und in feine Würfel schneiden. Die Chilischote längs halbieren, entkernen, waschen und in sehr feine Streifen schneiden. Alles in einem Topf mischen.

03.   Essig, Zucker, Senfkörner, Paprikapulver, Kardamom und 1 Prise Salz hinzufügen. Die Mischung unter Rühren langsam zum Kochen bringen und offen bei schwacher Hitze etwa 40 Minuten köcheln lassen, dabei immer wieder umrühren.

04.   Das Chutney mit Salz abschmecken, in die vorbereiteten Gläser füllen, gut verschließen und auskühlen lassen. Das Gemüse-Chutney passt hervorragend zu gebratenem Fleisch, kaltem Braten, Wild und würzigem Käse.

TIPP — *Das Gemüse-Chutney ist eine gute Basis für ein süß-saures Ragout: dafür 500 g Schweinegeschnetzeltes anbraten, 1 Glas Chutney, 100 ml Wasser und 100 g Ananaswürfel dazugeben und alles gar köcheln lassen.*

ZUTATEN FÜR 2 GLÄSER (À 500 ML)

+ 8 Tomaten
+ 2 rote Paprikaschoten
+ 2 grüne Paprikaschoten
+ 2 säuerliche Äpfel (z. B. Boskop)
+ 3 Zwiebeln
+ 2 Knoblauchzehen
+ 1 rote Chilischote
+ 80 ml Weißweinessig
+ 80 g Zucker
+ 1 EL gelbe Senfkörner
+ 1 TL Paprikapulver (edelsüß)
+ ½ TL gemahlener Kardamom
+ Salz

ZWETSCHGEN-CHUTNEY
MIT ZWIEBELN UND ROTWEIN

ZUBEREITUNG

01. Die Einmachgläser und Deckel heiß ausspülen und kopfüber auf einem sauberen Küchentuch abtropfen lassen oder, wie auf der Außenklappe vorne beschrieben, sterilisieren.

02. Die Zwetschgen waschen, halbieren und entsteinen. Die Zwetschgenhälften nochmals halbieren. Die Zwiebel schälen und in feine Streifen schneiden. Den Thymian waschen und trocken tupfen.

03. Die Butter in einem Topf erhitzen, Zwiebel und Zwetschgen darin andünsten. Den Wein und den braunen Zucker dazugeben. Thymian, Zimt und Lorbeerblatt hinzufügen, mit Salz würzen und offen bei mittlerer Hitze etwa 15 Minuten köcheln lassen.

04. Das Lorbeerblatt, die Zimtstange und den Thymian entfernen. Das Chutney mit Salz und Cayennepfeffer abschmecken, in die vorbereiteten Gläser füllen, gut verschließen und auskühlen lassen. Das Zwetschgen-Chutney schmeckt ausgezeichnet zu kurz gebratenem Fleisch, Roastbeef oder Rehkeule.

_____

TIPP — *Statt Zwetschgen können Sie auch Mirabellen oder Renekloden verwenden. Für ein leuchtend gelbes Chutney nehmen Sie dann statt Rotwein einen aromatischen Weißwein, z. B. eine Riesling-Spätlese.*

ZUTATEN FÜR 2 GLÄSER (À 250 ML)

+ **10 Zwetschgen**
+ **1 Zwiebel**
+ **2 Zweige Thymian**
+ **1 EL Butter**
+ **100 ml trockener Rotwein**
+ **2 TL brauner Zucker**
+ **1 Zimtstange**
+ **1 Lorbeerblatt**
+ **Salz**
+ **Cayennepfeffer**

ZITRONEN-CHUTNEY
MIT ZIMT UND VANILLE

ZUBEREITUNG

01. Die Einmachgläser und Deckel heiß ausspülen und kopfüber auf einem sauberen Küchentuch abtropfen lassen oder, wie auf der Außenklappe vorne beschrieben, sterilisieren.

02. Die Zitronen heiß waschen, trocken reiben und die Enden abschneiden. Die Zitronen längs halbieren und in etwa 1 cm dicke Spalten schneiden, falls nötig, die Kerne entfernen. Die Spalten in einen Topf geben.

03. Die Zimtstange in 4 Teile brechen. Die Vanilleschote längs aufschneiden, das Mark mit einem spitzen Messer herauskratzen und mit den Zimtstücken zu den Zitronen geben. Die Peperoni längs halbieren, entkernen, waschen und in feine Würfel schneiden. Mit den Zitrussäften, der Limettenschale, dem Gelierzucker und den restlichen Gewürzen sowie 1 TL Meersalz in den Topf geben. Alles bei schwacher Hitze 10 bis 15 Minuten köcheln lassen.

04. Das Chutney in die vorbereiteten Gläser füllen, gut verschließen und abkühlen lassen. Das Zitronen-Chutney im Kühlschrank mindestens 3 Tage ziehen lassen.

TIPP — *Chutneys kommen ursprünglich aus Indien, wo man sie in der Regel frisch zubereitet. Sie lassen sich jedoch auch gut einmachen und werden durch die Zugabe von z. B. Zucker und Essig länger haltbar. Chutneys passen bestens zu Gemüse, Fleisch und Reis.*

ZUTATEN FÜR 4 GLÄSER (À 250 ML)

+ **6 Bio-Zitronen**
+ **1 Zimtstange**
+ **1 Vanilleschote**
+ **1 rote Peperoni**
+ **400 ml Orangensaft**
+ **100 ml Zitronensaft**
+ **abgeriebene Schale von 1 Bio-Limette**
+ **150 g Gelierzucker (2 : 1)**
+ **4 grüne Kardamomkapseln**
+ **4 Zacken Sternanis**
+ **1 TL Currypulver**
+ **2 Kaffir-Limettenblätter**
+ **Meersalz**

PFIRSICH-CHUTNEY
MIT ZIMT UND ROSINEN

ZUTATEN FÜR 3 GLÄSER (À CA. 400 ML)

+ ca. 1,2 kg Pfirsiche
+ 1 kleine rote Chilischote
+ 20 g Ingwer
+ 50 g Rosinen
+ ca. 2 EL Essig
+ 4 EL brauner Zucker
+ 6 Gewürznelken
+ Salz
+ 1 Zimtstange
+ ½ TL gemahlener Kardamom
+ ca. 150 ml Orangensaft

ZUBEREITUNG

01. Die Einmachgläser und Deckel heiß ausspülen und kopfüber auf einem sauberen Küchentuch abtropfen lassen oder, wie auf der Außenklappe vorne beschrieben, sterilisieren.

02. Die Pfirsiche waschen, halbieren und entsteinen. Das Fruchtfleisch in feine Würfel schneiden. Die Chilischote längs halbieren, entkernen, waschen und fein hacken. Den Ingwer schälen und ebenfalls fein hacken.

03. Pfirsiche mit Chili, Ingwer, Rosinen, Essig, braunem Zucker, Gewürznelken, ½ TL Salz, Zimtstange, Kardamom und Orangensaft in einen großen Topf geben. Unter Rühren zum Kochen bringen und bei schwacher Hitze etwa 20 Minuten köcheln lassen. Häufig umrühren und, falls nötig, noch etwas Orangensaft hinzufügen. Gegen Ende der Garzeit das sämig eingekochte Chutney mit Essig und Salz süß-pikant abschmecken.

04. Das Pfirsich-Chutney in die vorbereiteten Gläser füllen, gut verschließen und vollständig auskühlen lassen.

MANGO-ZWIEBEL-CHUTNEY
MIT INGWER

ZUTATEN FÜR 3 GLÄSER (À CA. 300 ML)

+ 2 frische Mangos
+ 3 Zwiebeln
+ 1 rote Chilischote
+ Salz
+ 80 g brauner Zucker
+ 8 EL Essig
+ 20 g gehackter Ingwer
+ 6 Gewürznelken
+ 1 Msp. Cayennepfeffer
+ ½ TL gemahlener Kardamom
+ ca. 120 ml Apfelsaft

ZUBEREITUNG

01. Die Einmachgläser und Deckel heiß ausspülen und kopfüber auf einem sauberen Küchentuch abtropfen lassen oder, wie auf der Außenklappe vorne beschrieben, sterilisieren.

02. Die Mangos schälen, das Fruchtfleisch auf der flachen Seite vom Stein schneiden und in grobe Würfel schneiden. Die Zwiebeln schälen und in feine Würfel schneiden. Die Chilischote längs halbieren, entkernen, waschen und sehr fein hacken.

03. Die Mango- und die Zwiebelwürfel sowie die Chili mit 2 TL Salz und allen restlichen

Zutaten in einem großen Topf zum Kochen bringen und offen bei schwacher Hitze etwa 30 Minuten köcheln lassen, dabei häufig umrühren. Je nach Feuchtigkeitsanteil der Mangos gegebenenfalls noch etwas mehr Apfelsaft hinzufügen.

04. Die Gewürznelken wieder herausnehmen. Das Mango-Zwiebel-Chutney in die vorbereiteten Gläser füllen, gut verschließen und vollständig auskühlen lassen.

ZWIEBEL-CHUTNEY
MIT MAIS UND ZITRONENGELEE

ZUBEREITUNG

01. Die Einmachgläser und Deckel heiß ausspülen und kopfüber auf einem sauberen Küchentuch abtropfen lassen oder, wie auf der Außenklappe vorne beschrieben, sterilisieren.

02. Die Zwiebeln schälen und in feine Streifen schneiden. Das Öl in einer Pfanne erhitzen und die Zwiebeln darin 5 bis 6 Minuten andünsten.

03. Die halbe Paprikaschote entkernen, waschen und in sehr feine Würfel schneiden. Den Mais auf einem Sieb abtropfen lassen.

04. Den Zucker in einem Topf bei mittlerer Hitze goldbraun karamellisieren. Mit 100 ml Wasser ablöschen und rühren, bis der Karamell wieder flüssig geworden ist. Zwiebeln, Paprika, Mais, Lorbeerblatt, Zimt, Essig, Gelierzucker und Zitronengelee dazugeben. Alles bei schwacher Hitze 10 bis 12 Minuten köcheln lassen.

05. Das Zwiebel-Chutney in die vorbereiteten Gläser füllen, gut verschließen und abkühlen lassen.

ZUTATEN FÜR 4 GLÄSER (À 250 ML)

+ **500 g weiße Zwiebeln**
+ **2 EL Öl**
+ **½ rote Paprikaschote**
+ **250 g Mais (aus der Dose)**
+ **2 EL Zucker**
+ **1 Lorbeerblatt**
+ **1 Zimtstange**
+ **5 EL Apfelessig**
+ **2 EL Gelierzucker (2 : 1)**
+ **2 EL Zitronengelee**

———

TIPP — *Das Chutney schmeckt auch sehr gut, wenn Sie statt der Paprika 2 milde rote Peperoni in feine Würfel schneiden und untermischen. Wer es etwas schärfer mag, der ersetzt die halbe Paprikaschote durch 1 rote Chilischote.*

PREISELBEER-CHUTNEY
UND RATATOUILLE-RELISH

ZUBEREITUNG DES PREISELBEER-CHUTNEYS

01.   Die Preiselbeeren waschen und abtropfen lassen. Die Äpfel vierteln, schälen, die Kerngehäuse entfernen und die Apfelviertel in kleine Würfel schneiden. Ingwer schälen und in feine Würfel schneiden. In einem Topf Preiselbeeren, Äpfel, Ingwer und Rosmarin mit Orangensaft, Essig und Zucker mischen und zugedeckt 2 Stunden ziehen lassen.

02.   Die Einmachgläser sterilisieren (siehe Außenklappe vorne). Preiselbeer-Apfel-Mischung unter Rühren langsam aufkochen. Offen bei mittlerer Hitze etwa 8 Minuten unter Rühren kochen lassen. Das Preiselbeer-Chutney mit Salz und Pfeffer abschmecken, in die vorbereiteten Gläser füllen, gut verschließen und auskühlen lassen.

ZUTATEN FÜR 2–3 GLÄSER (À 250 ML)

+ **250 g Preiselbeeren**
+ **2 säuerliche Äpfel (z.B. Boskop)**
+ **1 walnussgroßes Stück Ingwer**
+ **1 EL gehackter Rosmarin**
+ **50 ml Orangensaft**
+ **3 EL Rotweinessig**
+ **150 g Einmachzucker**
+ **Salz • Pfeffer aus der Mühle**

ZUBEREITUNG DES RATATOUILLE-RELISHS

01.   Die Tomaten kreuzweise einritzen, überbrühen, häuten, vierteln, entkernen und in Würfel schneiden. Paprika längs halbieren, entkernen, waschen, in Streifen schneiden und diese halbieren. Zwiebeln und Knoblauch schälen und in feine Würfel schneiden. Zwiebeln und Paprika in einer Pfanne in 3 EL Olivenöl etwa 1 Minute andünsten. Tomaten, Knoblauch, Thymian, Lorbeerblatt und Essig hinzufügen. Mit Salz und Pfeffer würzen. Zugedeckt bei schwacher Hitze etwa 30 Minuten köcheln lassen.

02.   Die Einmachgläser sterilisieren (siehe Außenklappe vorne). Aubergine und Zucchino putzen, waschen und in kleine Würfel schneiden. In einer zweiten Pfanne im restlichen Olivenöl etwa 15 Minuten braten. Unter die Tomaten-Paprika-Mischung rühren und zugedeckt bei schwacher Hitze weitere 10 Minuten köcheln lassen. Das Ratatouille-Relish mit Salz und Pfeffer abschmecken, in die vorbereiteten Gläser füllen, gut verschließen und auskühlen lassen.

ZUTATEN FÜR 2–3 GLÄSER (À 250 ML)

+ **300 g Tomaten**
+ **1 grüne Paprikaschote**
+ **2 Zwiebeln**
+ **2 Knoblauchzehen**
+ **7 EL Olivenöl**
+ **1 Zweig Thymian**
+ **1 Lorbeerblatt**
+ **3 EL Weißweinessig**
+ **Salz • Pfeffer aus der Mühle**
+ **½ kleine Aubergine**
+ **1 kleiner Zucchino**

GRÜNES CHUTNEY
MIT GRÜNEN TOMATEN, BOHNEN UND PAPRIKA

ZUTATEN FÜR 6 GLÄSER (À CA. 300 ML)

+ 1½ kg reife grüne Tomaten
+ 1 Zwiebel
+ Salz
+ 25 g Ingwer
+ 250 g grüne Bohnen
+ 1 grüne Paprikaschote
+ 1 Chilischote
+ 350 g Zucker
+ 200 ml Weißweinessig
+ 160 g Rosinen

ZUBEREITUNG

01. Am Vortag die Tomaten waschen, vierteln und in Würfel schneiden, dabei die Stielansätze entfernen. Die Zwiebel schälen und in Würfel schneiden. Die Tomaten und die Zwiebeln kräftig mit Salz würzen. Zugedeckt über Nacht ziehen lassen, dann das ausgetretene Wasser abgießen.

02. Den Ingwer schälen und fein reiben. Die Bohnen putzen, waschen und klein schneiden. Die Paprikaschote längs halbieren, entkernen, waschen und in feine Würfel schneiden. Die Chilischote längs halbieren, entkernen, waschen und fein hacken.

03. Tomaten, Zwiebel und alle weiteren Zutaten in einem Topf zum Kochen bringen. Bei schwacher Hitze etwa 35 Minuten köcheln lassen, dabei öfter umrühren.

04. Inzwischen die Einmachgläser und Deckel heiß ausspülen und kopfüber auf einem sauberen Küchentuch abtropfen lassen oder, wie auf der Außenklappe vorne beschrieben, sterilisieren.

05. Das grüne Chutney in die vorbereiteten Gläser füllen, gut verschließen und vollständig auskühlen lassen.

ZUCCHINI-CHUTNEY

MIT GETROCKNETEN APRIKOSEN UND ROSINEN

ZUTATEN FÜR 6 GLÄSER (À CA. 300 ML)

+ 4 Zwiebeln
+ 1½ kg Zucchini
+ ca. 40 g Ingwer
+ 75 g getrocknete Aprikosen
+ 1 rote Chilischote
+ 75 g Rosinen
+ 100 ml Weißweinessig
+ 100 ml trockener Weißwein
+ 3 Gewürznelken
+ 2–3 Lorbeerblätter
+ 2 TL gemahlener Kreuzkümmel
+ Pfeffer aus der Mühle
+ 150 g brauner Zucker
+ Salz

ZUBEREITUNG

01. Die Einmachgläser und Deckel heiß ausspülen und kopfüber auf einem sauberen Küchentuch abtropfen lassen oder, wie auf der Außenklappe vorne beschrieben, sterilisieren.

02. Die Zwiebeln schälen und in Streifen schneiden. Die Zucchini putzen, waschen und in kleine Würfel schneiden. Den Ingwer schälen und fein reiben. Die Aprikosen in kleine Würfel schneiden. Die Chilischote längs halbieren, entkernen und waschen.

03. Zwiebeln, Zucchini, Chili und Rosinen in einem großen Topf mit Essig, Wein, Ingwer, Aprikosen, Gewürznelken, Lorbeerblättern, Kreuzkümmel, 1 Prise Pfeffer, Zucker und 1 TL Salz langsam zum Kochen bringen. Bei schwacher Hitze etwa 30 Minuten kochen, dabei öfters umrühren.

04. Das Zucchini-Chutney in die vorbereiteten Gläser füllen, gut verschließen und vollständig auskühlen lassen.

KÜRBIS-CHUTNEY
MIT THYMIAN

ZUBEREITUNG

01. Die Kürbisse waschen, vierteln, nach Belieben schälen und die Kerne mit einem Löffel entfernen. Die Kürbisviertel in Würfel schneiden. Den Ingwer, die Zwiebeln und die Knoblauchzehen schälen. Den Ingwer reiben, den Knoblauch fein hacken und die Zwiebeln in feine Streifen schneiden.

02. Das Öl in einem Topf erhitzen und Knoblauch, Ingwer und Zwiebeln darin etwa 2 Minuten andünsten. Die Kürbiswürfel hinzufügen und Apfelessig und Orangensaft angießen. Den Thymian waschen, trocken schütteln, die Blättchen abzupfen und mit den Chiliflocken zum Gemüse geben. Mit Salz und Pfeffer würzen. Den Zucker hinzufügen und alles etwa 20 Minuten köcheln lassen. Die Konsistenz sollte einer Marmelade ähneln.

03. Inzwischen die Einmachgläser und Deckel heiß ausspülen und kopfüber auf einem sauberen Küchentuch abtropfen lassen oder, wie auf der Außenklappe vorne beschrieben, sterilisieren.

04. Das Kürbis-Chutney heiß in die vorbereiteten Gläser füllen, gut verschließen und vollständig auskühlen lassen. Das Chutney hält sich ungeöffnet und fest verschlossen etwa 5 Monate.

ZUTATEN FÜR 4 GLÄSER (À CA. 300 ML)

+ 1–2 Hokkaidokürbisse (1 kg Fruchtfleisch)
+ 20 g Ingwer
+ 2 Zwiebeln
+ 2 Knoblauchzehen
+ 2 EL Öl
+ 100 ml Apfelessig
+ 150 ml Orangensaft
+ 3 Zweige Thymian
+ ½ TL Chiliflocken
+ Salz • Pfeffer aus der Mühle
+ 200 g Zucker

———

TIPP — *Hokkaidokürbisse müssen nicht unbedingt geschält werden. Die orangefarbene Schale verleiht dem Chutney eine noch intensivere Farbe. Das Kürbis-Chutney passt sehr gut zu gegrilltem Fleisch oder Fisch.*

ROTE-BETE-RELISH
MIT MEERRETTICH

ZUBEREITUNG

01. Die Roten Beten waschen, schälen und grob raspeln, dabei am besten Einweghandschuhe tragen, da die Knollen stark abfärben. Den Meerrettich putzen, schälen und raspeln. Die Äpfel vierteln, schälen und die Kerngehäuse entfernen. Die Apfelviertel in kleine Würfel schneiden. Die Pimentkörner im Mörser zerstoßen.

02. Rote Bete, Meerrettich, Äpfel und Piment mit dem Zucker in einen großen Topf geben. Apfelsaft, Essig und Lorbeerblätter dazugeben und das Ganze unter Rühren erhitzen, bis sich der Zucker vollständig aufgelöst hat. Dann bei halb geschlossenem Deckel bei schwacher Hitze 1½ bis 2 Stunden köcheln lassen, dabei gelegentlich umrühren. In den letzten etwa 45 Minuten gelegentlich die Konsistenz prüfen. Das Relish sollte weich und leicht sämig werden. Die Konsistenz sollte einer Marmelade ähneln.

03. Inzwischen die Einmachgläser und Deckel heiß ausspülen und kopfüber auf einem sauberen Küchentuch abtropfen lassen oder, wie auf der Außenklappe vorne beschrieben, sterilisieren.

04. Das Rote-Bete-Relish mit Salz und Pfeffer pikant abschmecken und in die vorbereiteten Gläser füllen, gut verschließen und 10 Minuten auf den Kopf stellen. Wieder umdrehen und vollständig auskühlen lassen. Vor dem Verzehr mindestens 2 Wochen ziehen lassen.

TIPP — *Kühl und dunkel gelagert hält sich das Rote-Bete-Relish etwa 1 Jahr.*

ZUTATEN FÜR 4 GLÄSER (À 300 ML)

+ 1 kg Rote Bete
+ 100 g frischer Meerrettich
+ 500 g säuerliche Äpfel
+ 1 TL Pimentkörner
+ 300 g Zucker
+ 200 ml Apfelsaft
+ 400 ml Weißweinessig
+ 2—3 Lorbeerblätter
+ Salz • Pfeffer aus der Mühle

RUCOLAPESTO
MIT KNOBLAUCH

ZUTATEN FÜR 1 GLAS (À CA. 350 ML)

+ 40 g Pinienkerne
+ 60 g blanchierte Mandeln
+ 8 frische Knoblauchzehen
+ 2 Handvoll Rucola
+ 1 Handvoll Basilikum
+ ca. 150 ml Olivenöl
+ 3–4 EL geriebener Parmesan
+ Salz • Pfeffer aus der Mühle

ZUBEREITUNG

01. Das Einmachglas und den Deckel, wie auf der Außenklappe vorne beschrieben, sterilisieren.

02. Die Pinienkerne und Mandeln in einer Pfanne ohne Fett anrösten, bis sie duften, und wieder abkühlen lassen. Den Knoblauch schälen. Den Rucola verlesen, waschen und trocken schütteln, grobe Stiele entfernen. Das Basilikum waschen und trocken schütteln. Rucola und Basilikum mit Pinienkernen, Mandeln, Knoblauch und etwas Olivenöl im Küchenmixer fein pürieren. Dabei das restliche Olivenöl einfließen lassen, bis ein sämiges

Pesto entstanden ist. Den Parmesan untermischen und das Pesto mit Salz und Pfeffer abschmecken.

03. Das Rucolapesto in das vorbereitete Glas füllen und gut verschließen. Oder frisch zu Pasta servieren. Ungeöffnet hält sich das Pesto im Kühlschrank bis zu einer Woche.

SPARGELPESTO
MIT WALNÜSSEN

ZUTATEN FÜR 1 GLAS (À 350 ML)

+ **250 g grüner Spargel**
+ **Salz**
+ **1 Handvoll Basilikum**
+ **1 Knoblauchzehe**
+ **2 EL Walnusskerne**
+ **ca. 125 ml Olivenöl**
+ **2—3 EL geriebener Parmesan**
+ **1 Spritzer Zitronensaft**
+ **Pfeffer aus der Mühle**

ZUBEREITUNG

01. Das Einmachglas und den Deckel, wie auf der Außenklappe vorne beschrieben, sterilisieren.

02. Den Spargel waschen und im unteren Drittel schälen, die holzigen Enden abschneiden. Den Spargel in Stücke schneiden. In Salzwasser etwa 8 Minuten gar kochen. Abgießen, dabei etwas Spargelkochwasser auffangen und abkühlen lassen. Den Spargel kalt abschrecken und gut abtropfen lassen.

03. Das Basilikum waschen, trocken schütteln und die Blätter abzupfen. Den Knoblauch schälen. Spargel, Basilikum, Knoblauch und Walnüsse mit 4 bis 5 EL Spargelkochwasser im Küchenmixer fein pürieren. Dabei so viel Olivenöl einfließen lassen, bis ein sämiges Pesto entstanden ist. Den Parmesan unterrühren und das Pesto mit Salz, Zitronensaft und Pfeffer abschmecken.

04. Das Spargelpesto in das vorbereitete Glas füllen und gut verschließen. Oder frisch zu Pasta servieren. Ungeöffnet hält sich das Pesto im Kühlschrank bis zu einer Woche.

PAPRIKAMUS (AJVAR)
MIT TOMATEN

ZUBEREITUNG

01. Die Einmachgläser und Deckel heiß ausspülen und kopfüber auf einem sauberen Küchentuch abtropfen lassen oder, wie auf der Außenklappe vorne beschrieben, sterilisieren.

02. Den Backofengrill einschalten. Die Paprikaschoten längs vierteln, entkernen und waschen. Die Paprikaviertel unter dem Backofengrill auf der obersten Schiene etwa 8 Minuten garen, bis die Haut dunkel wird und Blasen wirft. Die Paprikaschoten mit einem feuchten Küchentuch bedecken und abkühlen lassen. Die Schoten häuten.

03. Inzwischen die Peperoni längs halbieren, entkernen, waschen und in feine Würfel schneiden. Den Knoblauch schälen und fein hacken. Die Zwiebel schälen und in Würfel schneiden. Die Tomaten kreuzweise einritzen, überbrühen, kalt abschrecken, häuten, vierteln und entkernen. Das Fruchtfleisch in feine Würfel schneiden.

04. Das Olivenöl in einem Topf erhitzen und Knoblauch, Zwiebel und Peperoni darin unter Rühren anbraten. Die Tomatenwürfel und die Paprikaviertel dazugeben. Einmal aufkochen und mit Salz, Pfeffer, Paprikapulver und Zitronensaft abschmecken.

05. Alles im Küchenmixer oder mit dem Stabmixer grob zerkleinern, aber nicht zu fein pürieren. Das Mus sollte noch leicht stückig sein. Dann nochmals aufkochen. Das Paprikamus in die vorbereiteten Gläser füllen, gut verschließen und vollständig auskühlen lassen.

ZUTATEN FÜR 3 GLÄSER (À CA. 300 ML)

+ **4 rote Paprikaschoten**
+ **1 grüne Paprikaschote**
+ **1 rote Peperoni**
+ **3 Knoblauchzehen**
+ **1 Zwiebel**
+ **250 g Tomaten**
+ **8 EL Olivenöl**
+ **Salz • Pfeffer aus der Mühle**
+ **1 TL Paprikapulver (edelsüß)**
+ **1 TL Zitronensaft**

TOMATENSAUCE
MIT FRISCHEN KRÄUTERN

ZUTATEN FÜR 4 GLÄSER (À CA. 400 ML)

+ 2 kg Cocktailtomaten
+ 4 Schalotten
+ 4 Knoblauchzehen
+ 4 EL Olivenöl
+ 1 EL Zucker
+ 2 TL Tomatenmark
+ 150 ml Rotwein
+ 2 Zweige Rosmarin
+ je 4 Zweige Thymian und Oregano
+ 2 EL klein geschnittenes Basilikum
+ 2—3 EL Balsamico
+ 1—2 TL Honig
+ Meersalz
+ Chilipulver

ZUBEREITUNG

01. Die Einmachgläser und Deckel heiß ausspülen und kopfüber auf einem sauberen Küchentuch abtropfen lassen oder, wie auf der Außenklappe vorne beschrieben, sterilisieren.

02. Die Tomaten waschen und halbieren. Die Schalotten und den Knoblauch schälen und beides in feine Würfel schneiden. Das Olivenöl in einem Topf erhitzen und Schalotten und Knoblauch darin andünsten. Mit dem Zucker bestreuen und leicht karamellisieren lassen. Das Tomatenmark kurz mitrösten, mit dem Wein ablöschen, die Tomaten hinzufügen und aufkochen lassen.

03. Die Rosmarin-, Thymian- und Oreganozweige waschen, trocken schütteln und zu einem Sträußchen binden. Das Kräutersträußchen zur Sauce geben und die Sauce unter gelegentlichem Rühren etwa 25 Minuten sämig einköcheln lassen.

04. Dann das Kräutersträußchen wieder entfernen, das Basilikum in die Sauce geben und mit Balsamico, Honig, Salz und Chili abschmecken.

05. Die Tomatensauce in die vorbereiteten Gläser füllen, gut verschließen und vollständig auskühlen lassen.

BBQ-SAUCE
MIT TABASCO

ZUTATEN FÜR 4 GLÄSER ODER FLASCHEN (À 200 ML)

+ 1 Zwiebel
+ 2–3 Knoblauchzehen
+ 2 EL Öl
+ 200 ml Apfelsaft
+ 375 g Tomatenketchup
+ 2 EL Weißweinessig
+ 3 EL Worcestersauce
+ 100 g Rübensirup
+ 2 EL Ahornsirup
+ Pfeffer aus der Mühle
+ Tabasco

ZUBEREITUNG

01. Die Einmachgläser oder kleine Flaschen und Deckel heiß ausspülen und kopfüber auf einem sauberen Küchentuch abtropfen lassen oder, wie auf der Außenklappe vorne beschrieben, sterilisieren.

02. Die Zwiebel und den Knoblauch schälen und in feine Würfel schneiden. Das Öl in einem Topf erhitzen, Zwiebel und Knoblauch darin 2 bis 3 Minuten andünsten. Mit dem Apfelsaft ablöschen. Ketchup, Essig, Worcestersauce und Rübensirup unterrühren und alles bei schwacher Hitze 10 bis 15 Minuten köcheln lassen.

03. Den Ahornsirup unterrühren und die Sauce mit Pfeffer und Tabasco würzen. Die BBQ-Sauce noch heiß in die vorbereiteten Gläser oder Flaschen füllen, gut verschließen und abkühlen lassen.

TOMATENKETCHUP
SELBST GEMACHT

ZUBEREITUNG

01. Die Einmachgläser oder Flaschen und Deckel heiß ausspülen und kopfüber auf einem sauberen Küchentuch abtropfen lassen oder, wie auf der Außenklappe vorne beschrieben, sterilisieren.

02. Die Zwiebel und den Knoblauch schälen und in feine Würfel schneiden. Die Paprikaschote längs halbieren, entkernen und mit dem Sparschäler schälen. Petersilie und Liebstöckel waschen und trocken tupfen.

03. Das Olivenöl in einem Topf erhitzen und die Zwiebel, den Knoblauch und die Paprika darin andünsten. Den Piment, das Lorbeerblatt, die Gewürznelke und die Zimtstange kurz mitrösten, dann die Tomaten hinzufügen. Bei schwacher Hitze 15 Minuten köcheln lassen.

04. Petersilie, Liebstöckel, braunen Zucker, Senfpulver und Essig unterrühren und weitere 10 bis 15 Minuten sämig einkochen lassen. Die Masse anschließend durch ein feines Sieb passieren, nochmals aufkochen lassen und mit Salz und Cayennepfeffer würzen.

05. Das Ketchup in die vorbereiteten Gläser oder Flaschen füllen, gut verschließen und abkühlen lassen. Im Kühlschrank hält sich das Ketchup etwa 2 Wochen.

ZUTATEN FÜR 2 GLÄSER (À CA. 250 ML)

+ 1 Zwiebel
+ 2 Knoblauchzehen
+ 1 rote Paprikaschote
+ 2 Stiele Petersilie
+ 1 Stiel Liebstöckel
+ 2 EL Olivenöl
+ 4 Pimentkörner
+ 1 Lorbeerblatt
+ 1 Gewürznelke
+ 1 Zimtstange
+ 800 g Tomaten (aus der Dose)
+ 4 EL brauner Zucker
+ 1 TL Senfpulver
+ 2 EL Weinessig
+ Salz
+ Cayennepfeffer

GROBER SENF
UND FEINER DIJONSENF

ZUBEREITUNG DES GROBEN SENFS

01. Die Senfkörner in eine Schüssel geben. Zwiebel und Knoblauch schälen, fein würfeln. Beides mit etwa 125 ml Wasser, Koriander, Lorbeerblatt, Gewürznelken, Essig, 1 TL Salz und Honig aufkochen. Durch ein Sieb über die Senfkörner gießen. Zugedeckt 2 bis 3 Tage quellen lassen.

02. Die Einmachgläser und Deckel, wie auf der Außenklappe vorne beschrieben, sterilisieren.

03. Die Senfmischung grob pürieren, in die vorbereiteten Gläser füllen und gut verschließen. Den groben Senf kühl und dunkel gelagert etwa 1 Woche ziehen lassen.

ZUTATEN FÜR 2 GLÄSER (À CA. 200 ML)

+ 50 g gelbe Senfkörner
+ 50 g schwarze Senfkörner
+ 1 Zwiebel
+ 1 Knoblauchzehe
+ 1 TL Koriandersamen
+ 1 Lorbeerblatt
+ 2 Gewürznelken
+ 100 ml Weinessig
+ Salz
+ 2–3 EL Honig

ZUBEREITUNG DES FEINEN DIJONSENFS

01. Den Apfel vierteln, schälen und das Kerngehäuse entfernen. Die Apfelviertel in grobe Würfel schneiden. Zwiebeln und Knoblauch schälen und in feine Würfel schneiden. Apfel, Zwiebeln und Knoblauch mit Essig, Lorbeerblatt, Pfeffer und Gewürznelken in einem Topf aufkochen. Zugedeckt bei schwacher Hitze etwa 20 Minuten köcheln lassen.

02. Inzwischen die Einmachgläser und Deckel, wie auf der Außenklappe vorne beschrieben, sterilisieren.

03. Das Senfmehl in eine Schüssel geben und den gekochten Sud unter Rühren durch ein Sieb dazugießen. Mit Salz abschmecken und abkühlen lassen. Den feinen Dijonsenf in die vorbereiteten Gläser füllen, gut verschließen und vollständig auskühlen lassen. Kühl und dunkel gelagert mindestens 2 Tage ziehen lassen.

ZUTATEN FÜR 2 GLÄSER (À CA. 250 ML)

+ 1 säuerlicher Apfel
+ 2 Zwiebeln
+ 1 Knoblauchzehe
+ 400 ml Apfelessig
+ 1 Lorbeerblatt
+ 1 TL Pfefferkörner
+ 2 Gewürznelken
+ 50 g gelbes Senfmehl
+ 50 g braunes Senfmehl
+ Salz

ROTE CURRYPASTE
AUF THAI-ART

ZUBEREITUNG

01. Das Einmachglas und den Deckel, wie auf der Außenklappe vorne beschrieben, sterilisieren.

02. Die Koriander- und die Kreuzkümmelsamen in einer Pfanne ohne Fett anrösten, etwas abkühlen lassen und im Mörser fein zerstoßen.

03. Die Chilischoten längs halbieren, entkernen, waschen und fein hacken. Die Schalotten und den Knoblauch schälen und in Würfel schneiden. Das Zitronengras putzen und in dünne Ringe schneiden. Den Galgant und die Korianderwurzeln waschen und fein hacken.

04. Die Limette heiß waschen, trocken reiben und die Schale abreiben. Die Limette halbieren und den Saft auspressen. Die Kaffir-Limettenblätter waschen und fein hacken bzw. klein scheiden.

05. Alle vorbereiteten Zutaten mit 1 TL Salz, ½ TL Pfeffer und Garnelenpaste im Küchenmixer zu einer cremigen Currypaste pürieren.

06. Die Currypaste in das vorbereitete Glas füllen, gut verschließen und im Kühlschrank aufbewahren.

ZUTATEN FÜR 1 EINMACH-GLAS (CA. 200 ML)

+ **1 TL Koriandersamen**
+ **½ TL Kreuzkümmelsamen**
+ **6 rote Chilischoten**
+ **3 rote Thai-Chilischoten**
+ **3 Schalotten**
+ **1 Knoblauchzehe**
+ **1 Stängel Zitronengras**
+ **3 cm Galgant**
+ **2 Korianderwurzeln**
+ **1 Bio-Limette**
+ **2 Kaffir-Limettenblätter**
+ **Salz • Pfeffer aus der Mühle**
+ **1 TL Garnelenpaste**

TIPP — *Rote Currypaste benötigen Sie für asiatische Currys mit z. B. Kokosmilch, Gemüse, Hähnchenstreifen, Garnelen oder Fisch. Verwenden Sie die Currypaste am besten esslöffelweise und schmecken Sie ab.*

CHILISAUCE MIT ZIMT
UND WASABISAUCE

ZUBEREITUNG DER CHILISAUCE

01. Die Flaschen heiß ausspülen und kopfüber auf einem sauberen Küchentuch abtropfen lassen oder, wie auf der Außenklappe vorne beschrieben, sterilisieren.

02. Die Chilischoten längs halbieren, entkernen, waschen und fein hacken. Die Knoblauchzehen schälen und ebenfalls hacken. Die halbe Paprikaschote entkernen, waschen und in sehr kleine Stücke schneiden. Chilis, Knoblauch und Paprika mit dem Stabmixer kurz zu einer Paste pürieren.

03. 200 ml Wasser, Reisessig, Zucker, ½ TL Salz, Zimt und Chili-Paprika-Paste in einen Topf geben, verrühren und zum Kochen bringen. Bei mittlerer Hitze unter Rühren etwa 10 Minuten köcheln lassen, bis die Sauce eindickt. Etwas abkühlen lassen und die Fischsauce unterrühren. Die Chilisauce in die vorbereiteten Flaschen füllen. Nach Belieben zur Dekoration in jede Flasche eine Zimtstange geben. Die Sauce im Kühlschrank aufbewahren.

ZUTATEN FÜR 2 FLASCHEN (À CA. 200 ML)

+ 3 rote Chilischoten
+ 2 rote Thai-Chilischoten
+ 3 Knoblauchzehen
+ ½ kleine rote Paprikaschote
+ 50 ml Reisessig
+ 80 g Zucker
+ Salz
+ 1 Msp. Zimtpulver
+ 1 EL Fischsauce

ZUBEREITUNG DER WASABISAUCE

01. Die Flaschen heiß ausspülen und kopfüber auf einem sauberen Küchentuch abtropfen lassen oder, wie auf der Außenklappe vorne beschrieben, sterilisieren.

02. Das Algenblatt mit einer Schere sehr klein schneiden. 100 ml Wasser mit Zucker und Essig in einen Topf geben und bei mittlerer Hitze etwa 10 Minuten köcheln lassen. Die Speisestärke mit 2 EL kaltem Wasser glatt rühren, unter die Sauce rühren und kurz aufkochen. Die Algenstückchen und die Wasabipaste einrühren. Die Wasabisauce etwas abkühlen lassen und in die vorbereiteten Flaschen füllen. Die Sauce im Kühlschrank aufbewahren.

ZUTATEN FÜR 2 FLASCHEN (À CA. 150 ML)

+ 1 Nori-Blatt (Sushi-Algenblatt)
+ 75 g Zucker
+ 100 ml Reisessig
+ 1 TL Speisestärke
+ 2 EL Wasabipaste

04

PIKANT
EINGELEGTES & CO.

MIXED PICKLES
MIT GEWÜRZEN

ZUBEREITUNG

01. Die Einmachgläser und Deckel heiß ausspülen und kopfüber auf einem sauberen Küchentuch abtropfen lassen oder, wie auf der Außenklappe vorne beschrieben, sterilisieren.

02. Die Kartoffeln schälen und waschen. In Salzwasser etwa 10 Minuten garen. Die Kartoffeln abgießen und ausdampfen lassen.

03. Das restliche Gemüse, falls nötig, putzen, schälen bzw. waschen und in etwa gleich große Stücke schneiden. Das Gemüse in kochendem Salzwasser etwa 5 Minuten blanchieren. In ein Sieb gießen, dabei den Kochsud auffangen. Das Gemüse kalt abschrecken und abtropfen lassen.

04. Den Kochsud mit Wasser auf 1¾ l auffüllen, braunen Zucker, 60 g Salz, Dill und Essig hinzufügen. Alles aufkochen lassen. Dann vom Herd nehmen und abkühlen lassen.

05. Die Gewürze in die vorbereiteten Gläser verteilen, das Gemüse einschichten, 2 cm Platz zum Glasrand lassen und den abgekühlten Sud angießen. Die Gläser gut verschließen und im Einkochtopf etwa 30 Minuten bei 90 °C sterilisieren. Die Mixed Pickles kühl und dunkel lagern.

ZUTATEN FÜR 6 GLÄSER (À 750 ML)

- + **400 g kleine Kartoffeln**
- + **Salz**
- + **400 g Erbsen**
- + **400 g Blumenkohl**
- + **400 g Silberzwiebeln**
- + **400 g rote Paprikaschoten**
- + **250 g brauner Zucker**
- + **1 Handvoll frisch gehackter Dill**
- + **¾ l Kräuteressig**
- + **2 TL Senfkörner**
- + **6 Pimentkörner**
- + **1 TL bunte Pfefferkörner**
- + **6 Lorbeerblätter**

TIPP — *Sie können für die Mixed Pickles nach Belieben auch andere Gemüse nehmen, z. B. grüne Bohnen statt der Erbsen und Möhren anstelle der Kartoffeln.*

TOMATEN UND AUBERGINEN
IN ÖL EINGELEGT

ZUTATEN FÜR 4 GLÄSER (À 200 ML)

+ **250 g Tomaten**
+ **250 g Auberginen**
+ **290 ml Olivenöl**
+ **1 TL Zucker**
+ **Pfeffer aus der Mühle**
+ **3 Schalotten**
+ **3 Knoblauchzehen**
+ **50 ml Balsamico bianco**
+ **1 EL Honig**
+ **Salz**

ZUBEREITUNG

01. Die Einmachgläser und Deckel, wie auf der Außenklappe vorne beschrieben, sterilisieren.

02. Den Backofen auf 240 °C vorheizen. Den Backofengrill einschalten. Ein Backblech mit Backpapier belegen. Die Tomaten waschen, vierteln und entkernen, dabei die Stielansätze entfernen. Die Auberginen putzen, waschen und in dünne Scheiben schneiden. Das Gemüse auf das Backblech legen, mit 4 EL Olivenöl einpinseln, mit dem Zucker bestreuen, mit Pfeffer würzen und im Backofen etwa 10 Minuten grillen, dann etwas abkühlen lassen.

03. Inzwischen die Schalotten schälen und vierteln. Den Knoblauch schälen und in Scheiben schneiden. Die Auberginenscheiben und die Tomatenspalten mit den Schalotten und dem Knoblauch in die vorbereiteten Gläser schichten.

04. Den Essig leicht erwärmen, mit dem Honig und 2 Prisen Salz verrühren und über das Gemüse gießen. Mit dem restlichen Olivenöl auffüllen, bis das Gemüse vollständig mit Öl bedeckt ist. Die Gläser gut verschließen. Die eingelegten Tomaten und Auberginen an einem kühlen Ort (aber nicht im Kühlschrank) mindestens 3 Tage ziehen lassen.

EINGELEGTER ZIEGENKÄSE
MIT THYMIAN UND ROSA PFEFFERBEEREN

ZUTATEN FÜR 1 GLAS (CA. 450 ML)

+ ½ rote Chilischote
+ 1 Knoblauchzehe
+ 4 Zweige Thymian
+ 1 TL rosa Pfefferbeeren
+ 4 Ziegenfrischkäsetaler (z.B. Picandou)
+ ¼ l Olivenöl

ZUBEREITUNG

01. Das Einmachglas und den Deckel, wie auf der Außenklappe vorne beschrieben, sterilisieren.

02. Die halbe Chilischote entkernen und waschen. Den Knoblauch schälen und in Scheiben schneiden. Den Thymian waschen, sehr gut trocken schütteln und die Blättchen abzupfen. Die Pfefferbeeren mit der flachen Seite einer Messerklinge leicht zerdrücken.

03. Die Ziegenfrischkäsetaler trocken tupfen und mit Chili, Knoblauch, Thymian und Pfefferbeeren in das vorbereitete Einmachglas schichten. Mit dem Olivenöl auffüllen, bis der Käse vollständig mit Öl bedeckt ist. Den eingelegten Ziegenkäse an einem kühlen Ort (aber nicht im Kühlschrank) etwa 2 Tage ziehen lassen.

WALDPILZE
IN KRÄUTERSUD

ZUBEREITUNG

01. Die Einmachgläser und Deckel, wie auf der Außenklappe vorne beschrieben, sterilisieren.

02. Die Pilze putzen und, falls nötig, trocken abreiben und in Scheiben oder Stücke schneiden. Den Knoblauch schälen und in Scheiben schneiden. Den Rosmarin und den Salbei waschen und sehr gut trocken schütteln.

03. Den Essig mit 200 ml Wasser und 1 TL Salz in einem Topf zum Kochen bringen, die Pilze und den Knoblauch dazugeben und bei schwacher Hitze etwa 10 Minuten köcheln lassen, dann abgießen und gut abtropfen lassen.

04. Pilze, Knoblauch, Rosmarin, Salbei und Lorbeerblätter in die vorbereiteten Gläser füllen und mit dem Olivenöl aufgießen. Die eingelegten Waldpilze kühl und dunkel (aber nicht im Kühlschrank) aufbewahren und mindestens eine Woche ziehen lassen.

TIPP — *Für die eingelegten Pilze eignen sich z. B. Pfifferlinge, Steinpilze, Austernpilze oder auch Champignons. Wer mag, verfeinert die Pilze noch mit gelben Senf- und schwarzen Pfefferkörnern.*

ZUTATEN FÜR 4 GLÄSER (À 200 ML)

+ **500 g gemischte Pilze**
+ **2 Knoblauchzehen**
+ **3 Zweige Rosmarin**
+ **3 Zweige Salbei**
+ **½ l Weißweinessig**
+ **Salz**
+ **4 Lorbeerblätter**
+ **400 ml Olivenöl**

ZUCCHINI-MOZZARELLA-RÖLLCHEN
MIT ZITRONENMELISSE

ZUTATEN FÜR 1 GLAS (CA. 1,2 L)

+ 6–8 kleine Zucchini
+ 1 Handvoll Zitronenmelisse
+ 2 Packungen Mini-Mozzarellakugeln
  (à 150 g)
+ 1 TL weiße Pfefferkörner
+ 1 TL gelbe Senfkörner
+ 2–3 frische Lorbeerblätter
+ ca. ½ l mildes Olivenöl zum Auffüllen

ZUBEREITUNG

01. Das Einmachglas und den Deckel, wie auf der Außenklappe vorne beschrieben, sterilisieren.

02. Die Zucchini putzen, waschen und längs in dünne Scheiben schneiden. Die Zitronenmelisse waschen und trocken tupfen, die Blätter abzupfen. Die Mozzarellakugeln abtropfen lassen.

03. Je 1 Mozzarellakugel in 1 Zucchinischeibe einwickeln und diese Röllchen dicht an dicht in das vorbereitete Einmachglas legen. Dabei die Gewürze und die Zitronenmelisse zwischen den Röllchen verteilen.

04. Mit Olivenöl auffüllen, bis alle Zutaten vollständig mit Öl bedeckt sind. Das Glas gut verschließen und die Zucchini-Mozzarella-Röllchen an einem kühlen Ort (aber nicht im Kühlschrank) mindestens 24 Stunden ziehen lassen.

05. Die Zucchini-Mozzarella-Röllchen z.B. als Vorspeise genießen. Das aromatisierte Olivenöl filtern und z.B. für Salate verwenden.

EINGELEGTER INGWER
IN REISESSIG

ZUTATEN FÜR 2 GLÄSER (À 150 ML)

+ **200 g Ingwer**
+ **Salz**
+ **180 ml Reisessig**
+ **2 EL Reiswein**
+ **2 EL Zucker**

ZUBEREITUNG

01. Die Einmachgläser und Deckel heiß ausspülen und kopfüber auf einem sauberen Küchentuch abtropfen lassen oder, wie auf der Außenklappe vorne beschrieben, sterilisieren.

02. Den Ingwer schälen und in dünne Scheiben schneiden. Die Scheiben mit 1 TL Salz mischen und etwa 1 Stunde ziehen lassen. Die Ingwerscheiben trocken tupfen und in die vorbereiteten Gläser schichten.

03. Den Essig mit 50 ml Wasser, dem Reiswein und dem Zucker aufkochen. Das Essiggemisch über den Ingwer gießen. Die Gläser gut verschließen und den Ingwer mindestens über Nacht ziehen lassen. Der eingelegte Ingwer ist kühl gelagert mindestens 4 bis 6 Wochen haltbar. Der eingelegte Ingwer passt hervorragend zu asiatischen Gerichten.

ROTES SAUERKRAUT
MIT APFEL

ZUBEREITUNG

01. Die Einmachgläser und Deckel, wie auf der Außenklappe vorne beschrieben, sterilisieren.

02. Vom Rotkohl die äußeren Blätter entfernen. Zwei Blätter waschen und als Abdeckung für die Gläser beiseitelegen. Den Kohl vierteln und den harten Strunk herausschneiden. Den Rotkohl auf dem Gemüsehobel in feine Streifen hobeln, in einer Schüssel mit dem Salz mischen und sehr kräftig durchkneten, bis sich viel Saft gebildet hat. Das Kraut in ein Sieb abgießen, dabei den Saft auffangen. Den Apfel vierteln, schälen und das Kerngehäuse entfernen. Die Apfelviertel auf der Küchenreibe fein raspeln.

03. Apfelraspel, Pfefferkörner, Kümmel und Wacholderbeeren unter das Kraut mischen und alles in die vorbereiteten Gläser füllen. Das Kraut fest nach unten drücken, mit jeweils einem Kohlblatt abdecken und mit dem Krautsaft vollständig bedecken, da sich sonst Schimmel bilden kann. Falls nicht genug Flüssigkeit vorhanden ist, etwas Salzwasser dazugeben. Die Gläser zudecken, aber nicht fest verschließen. Das rote Sauerkraut bei Zimmertemperatur mindestens 3 bis 4 Tage gären lassen.

04. Hat das rote Sauerkraut den gewünschten Säuregrad erreicht, die Gläser gut verschließen und kühl lagern, so hält es sich bis zu 6 Monaten.

ZUTATEN FÜR 2 GLÄSER (À 500 ML)

+ 1 kg Rotkohl
+ 10 g Salz
+ 1 Apfel
+ 1 TL schwarze Pfefferkörner
+ ½ TL ganzer Kümmel
+ 4 Wacholderbeeren

SALZZITRONEN
MIT THYMIAN UND ROSA PFEFFERBEEREN

ZUTATEN FÜR 1 GLAS (1,5–2 L)

+ **10–12 Zitronen (davon 5 Bio-Zitronen)**
+ **4 Zweige Thymian**
+ **2 frische Lorbeerblätter**
+ **50 g grobes Meersalz**
+ **1 TL rosa Pfefferbeeren**
+ **50 ml Olivenöl**

ZUBEREITUNG

01. Das Einmachglas und den Deckel, wie auf der Außenklappe vorne beschrieben, sterilisieren.

02. Die Bio-Zitronen heiß waschen und trocken reiben. 1 Bio-Zitrone in Scheiben schneiden, die restlichen 4 Bio-Zitronen einmal längs ein- aber nicht ganz durchschneiden. Den Thymian und die Lorbeerblätter waschen und trocken tupfen.

03. Die eingeschnittenen Zitronen auseinanderdrücken und mit dem Meersalz füllen. Die Salzzitronen und die Zitronenscheiben mit den Kräutern und den Pfefferbeeren in das vorbereitete Einmachglas drücken und etwa 24 Stunden Saft ziehen lassen.

04. Die restlichen Zitronen halbieren und den Saft auspressen. Den Saft in das Einmachglas füllen. Mit dem Olivenöl vollständig bedecken und gut verschließen. Die eingelegten Zitronen 3 bis 6 Monate ziehen lassen.

EINGELEGTE EIER
IN ROTE-BETE-SAFT UND ESSIG

ZUTATEN FÜR 2 GLÄSER (À CA. 1 L)

+ **12 Eier**
+ **60 g Salz**
+ **1 TL Zucker**
+ **¼ l heller Essig**
+ **¾ l Rote-Bete-Saft**

ZUBEREITUNG

01. Die Einmachgläser und Deckel, wie auf der Außenklappe vorne beschrieben, sterilisieren.

02. Die Eier in kochendem Wasser etwa 8 Minuten hart kochen. Kalt abschrecken und auskühlen lassen. Die Eier von allen Seiten anschlagen, sodass die Schale feine Risse bekommt.

03. Das Salz mit dem Zucker, Essig und Rote-Bete-Saft etwa 5 Minuten köcheln las-

sen, bis sich das Salz aufgelöst hat. Den Sud vom Herd nehmen und die Flüssigkeit etwas abkühlen lassen.

04. Die Eier in die vorbereiteten Einmachgläser schichten und mit dem lauwarmen Sud übergießen. Die Gläser gut verschließen und die Eier im Kühlschrank mindestens über Nacht ziehen lassen.

THYMIANÖL
UND ROSMARINÖL

ZUBEREITUNG DES THYMIANÖLS

01. Die Flasche und den Deckel heiß ausspülen und kopfüber auf einem sauberen Küchentuch abtropfen lassen oder, wie auf der Außenklappe vorne beschrieben, sterilisieren.

02. Den Thymian waschen und gut trocken tupfen. Mit den rosa Pfefferbeeren in die vorbereitete Flasche stecken und mit dem Olivenöl auffüllen. Die Flasche gut verschließen und das Thymianöl etwa 3 Tage ziehen lassen. Kühl und dunkel lagern.

ZUTATEN FÜR 1 FLASCHE (À 500 ML)

+ **2 Handvoll Thymian**
+ **5—6 rosa Pfefferbeeren**
+ **½ l mildes Olivenöl**

ZUBEREITUNG DES ROSMARINÖLS

01. Die Flasche und den Deckel heiß ausspülen und kopfüber auf einem sauberen Küchentuch abtropfen lassen oder, wie auf der Außenklappe vorne beschrieben, sterilisieren.

02. Den Rosmarin und den Thymian waschen, gut trocken tupfen und die Zweige halbieren. Mit den Knoblauchzehen in die vorbereitete Flasche stecken und mit dem Olivenöl auffüllen. Die Flasche gut verschließen und das Rosmarinöl etwa 3 Tage ziehen lassen. Kühl und dunkel lagern.

ZUTATEN FÜR 1 FLASCHE (À 500 ML)

+ **1 Handvoll Rosmarinzweige**
+ **1 Zweig Thymian**
+ **2 Knoblauchzehen**
+ **½ l mildes Olivenöl**

TIPP — *Statt Rosmarin oder Thymian schmecken auch andere Kräuter wie Salbei oder Estragon gut im Öl. Achten Sie darauf, dass Sie die Kräuter immer sehr gut trocken tupfen und später vollständig mit Öl bedecken, sonst kann sich Schimmel bilden.*

LIMETTENESSIG MIT ZITRONENTHYMIAN
UND ORANGENÖL MIT GEWÜRZEN

ZUBEREITUNG DES LIMETTENESSIGS

01. Die Flasche und den Deckel heiß ausspülen und kopfüber auf einem sauberen Küchentuch abtropfen lassen oder, wie auf der Außenklappe vorne beschrieben, sterilisieren.

02. Die Limetten heiß waschen, trocken reiben und die Schale mit dem Sparschäler spiralförmig abschälen. Den Saft auspressen. Den Zitronenthymian waschen und trocken schütteln. Limettensaft und Honig in einem kleinen Topf verrühren und kurz aufkochen. Den Limettensaft etwas abkühlen lassen und dann mit dem Essig mischen.

03. Die Zitronenthymianzweige und die Limettenschalen in die vorbereitete Flasche füllen und die Essig-Honig-Mischung dazugießen. Die Flasche gut verschließen und den Limettenessig mindestens 1 Woche ziehen lassen.

ZUTATEN FÜR 1 FLASCHE (CA. 300–400 ML)

+ 3 Bio-Limetten
+ 5 Zweige Zitronenthymian
+ 1 TL Honig
+ ¼ l heller Balsamicoessig

ZUBEREITUNG DES ORANGENÖLS

01. Die Flasche und den Deckel, wie auf der Außenklappe vorne beschrieben, sterilisieren.

02. Die Orangen heiß waschen, trocken reiben und die Schale mit dem Sparschäler spiralförmig abschälen. Den Saft auspressen, durch ein Sieb gießen und in einem kleinen Topf kurz erhitzen. Die Vanilleschote längs aufschneiden. Die Kardamomkapseln mit der flachen Seite einer Messerklinge leicht zerdrücken. Das Olivenöl leicht erwärmen.

03. Orangenschale und -saft, Vanilleschote, Kardamomkapseln, Sternanis, langen Pfeffer und 1 Prise Zimt in die vorbereitete Flasche füllen und mit dem Olivenöl auffüllen. Das Orangenöl mindestens 1 Woche kühl (aber nicht im Kühlschrank) ziehen lassen.

ZUTATEN FÜR 1 FLASCHE (CA. 300–400 ML)

+ 2 Bio-Orangen
+ 1 Vanilleschote
+ ½ TL Kardamomkapseln
+ ¼ l Olivenöl
+ 2–3 Sternanis
+ 2 ganze lange Pfeffer
+ Zimtpulver

SCHWEINESCHMALZ
MIT APFEL

ZUTATEN FÜR 4 GLÄSER (À CA. 125 ML)

+ 2–3 Zwiebeln
+ 2 Knoblauchzehen
+ 1 säuerlicher Apfel
+ 500 g Schweineflomen
+ Salz • Pfeffer aus der Mühle

ZUBEREITUNG

01. Die Einmachgläser und Deckel, wie auf der Außenklappe vorne beschrieben, sterilisieren.

02. Die Zwiebeln und den Knoblauch schälen und beides in sehr feine Würfel schneiden. Den Apfel vierteln, schälen und das Kerngehäuse entfernen. Die Apfelviertel ebenfalls in sehr kleine Stücke schneiden.

03. Den Schweineflomen in Würfel schneiden, in einen Topf geben und bei mittlerer Hitze langsam schmelzen.

04. 2 EL von dem flüssigen Schmalz abnehmen, in eine Pfanne geben und die Zwiebeln und den Knoblauch darin andünsten. Die Apfelstückchen dazugeben, kurz mitdünsten und mit Salz und Pfeffer würzen. Die Apfel-Zwiebel-Mischung unter das restliche Schweineschmalz rühren.

05. Das Schweineschmalz in die vorbereiteten Gläser füllen, gut verschließen und erkalten lassen. Im Kühlschrank aufbewahren und innerhalb von 1 bis 2 Wochen verbrauchen. Dazu passt Bauernbrot.

ENTENLEBERPASTETE
MIT PFEFFER

ZUTATEN FÜR 4 GLÄSER (À 125 ML)

+ **400 g Entenleber**
+ **2 Zwiebeln**
+ **50 g Butter**
+ **2 EL Olivenöl**
+ **50 ml Cognac**
+ **ca. 120 g Sahne**
+ **¼ TL Lebkuchengewürz**
+ **Salz**
+ **1 TL geschroteter bunter Pfeffer**

ZUBEREITUNG

01. Die Einmachgläser und Deckel, wie auf der Außenklappe vorne beschrieben, sterilisieren.

02. Die Entenleber waschen, trocken tupfen, von Sehnen befreien und in kleine Stücke schneiden. Die Zwiebeln schälen und in feine Würfel schneiden.

03. Die Butter und das Olivenöl in einer Pfanne erhitzen und die Zwiebelwürfel darin andünsten. Die Entenleber hinzufügen und unter Rühren 3 bis 5 Minuten braten. Den Cognac und die Hälfte der Sahne dazugeben,

das Lebkuchengewürz einrühren, alles kurz aufkochen und dann etwas abkühlen lassen.

04. Die Leber-Zwiebel-Mischung in einem hohen Rührbecher mit dem Stabmixer zu einer cremigen Masse pürieren. Bei Bedarf noch etwas Sahne hinzufügen. Mit Salz und dem geschroteten Pfeffer würzen. Die Entenleberpastete in die vorbereiteten Gläser füllen und gut verschließen. Im Kühlschrank aufbewahren und innerhalb weniger Tage verbrauchen.

GÄNSERILLETTE
MIT ZIMT

ZUBEREITUNG

01. 1 Zwiebel schälen und in grobe Würfel schneiden. 2 Möhren und den Sellerie schälen und ebenfalls in grobe Stücke schneiden. Die Gänsekeulen waschen und mit Zwiebelwürfeln, Möhren- und Selleriestücken, Piment, Pfefferkörnern, Lorbeerblättern und 2 EL Salz in einen Topf geben. Etwa 2 l Wasser angießen und zugedeckt zum Kochen bringen. Bei schwacher Hitze etwa 3 Stunden köcheln lassen, bis das Fleisch weich ist. Den Topf vom Herd nehmen und offen abkühlen lassen. Anschließend über Nacht in den Kühlschrank stellen.

02. Am nächsten Tag die Einmachgläser und Deckel, wie auf der Außenklappe vorne beschrieben, sterilisieren.

03. Das festgewordene Gänseschmalz, das sich auf der Oberfläche gesammelt hat, abnehmen (am besten mit einem Löffel). Nach Bedarf durch ein feines Sieb streichen und in einem kleinen Topf auffangen. Das Fleisch von den Gänsekeulen lösen, Knochen und Haut entfernen und das Fleisch in kleine Stücke zupfen oder schneiden.

04. Die restlichen Zwiebeln schälen und in Würfel schneiden. Die übrigen Möhren schälen, längs halbieren und in feine Scheiben schneiden. Zusammen mit den Zwiebeln in 2 EL Schmalz weich dünsten. Das Fleisch untermischen, mit Salz und Pfeffer kräftig würzen und mit 1 Prise Zimt verfeinern. In die vorbereiteten Gläser füllen und gleichmäßig verteilen.

05. Das restliche Gänseschmalz erhitzen, schmelzen lassen und über die Rillette gießen. Die Rillette dabei vollständig bedecken. Die Gläser verschließen und die Rillette am besten über Nacht kühl stellen. Im Kühlschrank aufbewahren und innerhalb von 1 bis 2 Wochen verbrauchen. Die Gänserillette nach Belieben mit frischem Brot servieren.

ZUTATEN FÜR 3 GLÄSER (À CA. 250 ML)

+ **3 Zwiebeln**
+ **4 Möhren**
+ **150 g Knollensellerie**
+ **1 ½ kg Gänsekeulen**
+ **1 TL Piment**
+ **1 TL Pfefferkörner**
+ **2 Lorbeerblätter**
+ **Salz • Pfeffer aus der Mühle**
+ **Zimtpulver**

SALZHERINGE
MIT ZITRONENZESTEN

ZUBEREITUNG

01. Die Salzheringe mindestens 12 Stunden wässern, danach gründlich waschen, trocken tupfen und gegebenenfalls die Schuppen entfernen. Die Köpfe abschneiden, die Heringe filetieren und die Mittelgräte entfernen. Die Fischfilets danach noch einmal gründlich waschen und trocken tupfen.

02. Das Einmachglas und den Deckel, wie auf der Außenklappe vorne beschrieben, sterilisieren.

03. Die Zitrone heiß waschen, trocken reiben und die Schale in Zesten abziehen. Die Zitrone halbieren und den Saft auspressen.

04. Den Rosmarin waschen, trocken tupfen und die Nadeln abzupfen. Den Fisch aufrollen und die Fischröllchen mit dem Rosmarin, den Zitronenzesten und den Pfefferkörnern in das vorbereitete Einmachglas geben.

05. Den Essig mit 200 ml Wasser, Zitronensaft, Zucker und 1 EL Salz zum Kochen bringen und wieder abkühlen lassen. Über die Heringe gießen, das Glas gut verschließen und die eingelegten Heringe gut gekühlt mindestens 2 Tage ziehen lassen. Weiterhin im Kühlschrank aufbewahren und innerhalb von 3 Monaten verbrauchen.

ZUTATEN FÜR 1 GLAS (À CA. 1 L)

+ 8 Salzheringe
+ 1 Bio-Zitrone
+ 1 Zweig Rosmarin
+ 1 TL weiße Pfefferkörner
+ 300 ml Weißwein- oder Obstessig
+ 1 EL Zucker
+ Salz

REZEPTREGISTER

IMPRESSUM

© **2016 ZS Verlag GmbH**
Kaiserstraße 14b
D-80801 München
ISBN 978-3-89883-553-4
2. Auflage 2016

Projektleitung: Katharina Wolf
Lektorat: Katharina Wolf, Katharina Lisson
Grafik Design & Artdirection: Seidldesign
Grafik & Satz: Irene Schulz, Kerstin Duben
Herstellung: Peter Karg-Cordes
Producing: Jan Russok
Druck & Bindung: Neografia, Martin

Die ZS Verlag GmbH ist ein Unternehmen der Edel AG, Hamburg.
www.zsverlag.de | www.facebook.com/zsverlag

BILDNACHWEIS

Umschlag: Eising Studio Food | Photo Video: vorne; Bury, M.: hinten (l), Westermann, J.-P.: hinten (M.); Küng, R.: hinten (r.)
Innenklappen vorne: Eising Studio Food | Photo Video
Innenklappen hinten: Cato-Symonds, S. (l.), Brachat, O. (M.), Smend, M. (r)
Außenklappe: StockFood/Eising Studio Food | Photo Video
Innenteil: Kramp, A. & Gölling, B.: 19, 59, 95; Westermann, J.-P.: 2 (03), 75, 79, 93; STOCKFOOD: Alack, C.: 13; Avalos Flores, M.: 109; Bender, U.: 8, 55; Bialy, D.: 38; Brachat, O.: 44, 66; Carlott, C.: 53; Castilho, R.: 17, 29, 49, 111, 113, 115, 120; Cazals, J.: 97; Eising Studio Food | Photo Video:`9; Eising, S.: 73; Eising: 21; és-cuisine: 88, 89; Fenot, E.: 67; Finley, M. O.: 123; Foodcollection: 33; Foodcollection: 7; Garlick, I.: 81, 121; Garten, P.: 87; Gerlach, H.: 106; Gräfe & Unzer/Eising Studio Food | Photo Video: 99; Heinze, W.: 31; Koeb, U.: 45; Kohl, U.: 105; Küng, R.: 2 (02); 43; Lindeblad, M.: 23, 92; Mallet, J.-F.: 35; Marielle, B.: 114; Mèche, H.: 47; Paul, M.:37; PhotoCuisine/Marielle, B.: 2 (01), 11/Bono: 82/Bury, M.: 25/Carnet, N.: 2 (04), 110/Fleurent, C.: 83/Fotospring: 91/Hall, J.-B.: 76/Ramen: 39/Riou, J.-C.: 15, 26, 27, 34/Studio: 77, 117/Syl d AB: 107/Viel, P. L.: 61, 62; Scarlini, G.: 63; Schardt, W.: 85; Studio Lipov: 125; Taube, F.: 51, 64; Taylor, S.: 71; Watt, E.: 57; Winkelmann, B.: 14; Wissing, M.: 101, 119